Titre original :
The Temple of Flame

Dave Morris
et Oliver Johnson

Le Dieu Perdu

Traduit de l'anglais
par Patrick Floersheim

Illustrations de Leo Hartas

Gallimard

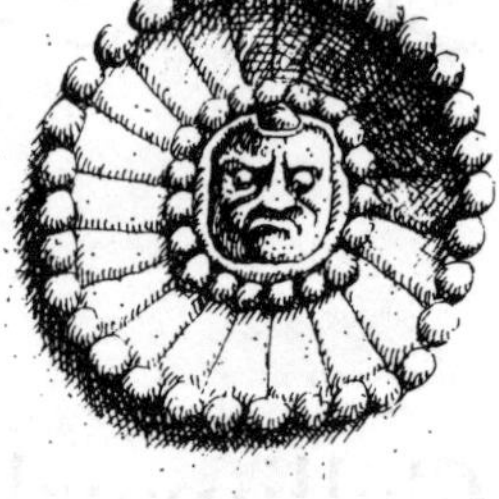

Comment combattre les créatures du Temple du Dieu Perdu

Vous êtes un aventurier qui a sillonné une grande partie du monde connu. Votre insatiable besoin d'accepter les missions les plus risquées, de relever d'impossibles défis, votre goût pour le combat, vous ont amené à affronter les créatures les plus monstrueuses, des sorciers et des magiciens aux pouvoirs diaboliques, et bien d'autres adversaires étranges et terrifiants. Et toujours, vous êtes sorti vainqueur des combats que vous avez dû mener contre eux. Ces années d'aventure ont développé vos réflexes, votre habileté et votre force à un point tel que peu d'hommes seraient capables de vous résister en combat singulier. Et une fois encore, vous allez être amené à risquer votre vie, là où bien d'autres intrépides aventuriers ont échoué avant vous. Allez-vous vous montrer digne du surnom que vous ont fait mériter tous les exploits que vous avez accomplis ? Car voilà bien longtemps que nul ne connaît plus votre véritable nom, mais que tous tremblent devant le Dragon d'Or !

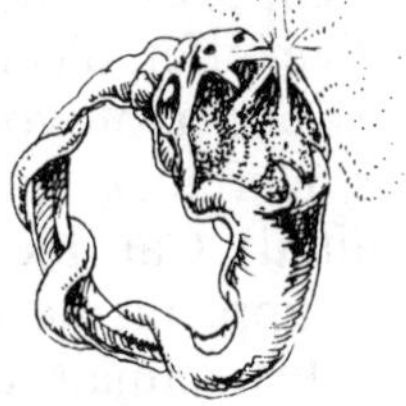

Endurance, Habileté et Psi

Avant d'entreprendre la nouvelle aventure qui vous attend, il vous faut tout d'abord déterminer vos forces et vos faiblesses. Deux dés, un crayon, une gomme et une feuille de papier, sont tout ce dont vous allez avoir besoin pour cela. En pages 8 et 9, vous trouverez une Feuille d'Aventure sur laquelle vous pourrez inscrire tous les détails d'une partie. Nous vous conseillons de faire des photocopies de ces deux pages, afin de pouvoir les utiliser lorsque vous jouerez à nouveau.

Lancez deux dés. Ajoutez 20 au chiffre obtenu, et inscrivez le total dans la case ENDURANCE de votre Feuille d'Aventure.

Lancez ensuite un dé. Ajoutez 3 au chiffre obtenu, et inscrivez le total dans la case HABILETÉ de votre Feuille d'Aventure.

Lancez à nouveau un dé. Ajoutez 3 au chiffre obtenu, et inscrivez le total dans la case PSI de votre Feuille d'Aventure.

Pour des raisons qui vous seront expliquées plus loin, les points d'ENDURANCE, d'HABILETÉ et de PSI changent constamment au cours de l'aventure. Vous devrez garder un compte exact de ces points, et nous vous conseillons, à cet effet, d'écrire vos chiffres très petits dans les cases, et d'avoir votre gomme à portée de la main. Mais n'effacez jamais vos points de départ (ou total initial). Car, bien que vous puissiez obtenir des points supplémentaires d'ENDURANCE, d'HABILETÉ et de PSI, jamais ce total ne pourra excéder vos points de départ, sauf en de très rares occasions qui vous seraient alors signalées à un paragraphe particulier.

Vos points d'ENDURANCE traduisent votre force, votre volonté de survivre, votre détermination, et votre forme physique et morale en général. Plus vos points d'ENDURANCE sont élevés, plus longtemps vous serez capable de survivre. Si, par malheur, votre total d'ENDURANCE devient égal à zéro, vous êtes mort, et il ne vous restera plus qu'à recommencer l'aventure à son point de départ.

Vos points d'HABILETÉ reflètent votre agilité. Et il vous faudra beaucoup d'habileté pour escalader des murs, franchir d'un bond puits ou abimes, ou passer inaperçu auprès d'un trop grand nombre d'ennemis.

Avec vos points de PSI, vous saurez si vous pourrez résister aux sortilèges qui vous seront jetés, si vous êtes réceptif aux communications psychiques et, d'une façon générale, si vous avez suffisamment de volonté pour faire face à des situations devant lesquelles vous pourriez perdre votre sang-froid.

Combats

Il vous sera souvent demandé, au long des pages de ce livre, de combattre des créatures de toutes sortes. Parfois, vous aurez la possibilité de Fuir. Sinon, ou si vous décidez, de toute façon, de faire face à un adversaire, le combat se déroulera comme suit. Tout

La Feuille d'Aventure

HABILETÉ	ENDURANCE	PSI
Total de départ =	*Total de départ =*	*Total de départ =*

ÉQUIPEMENT TRANSPORTÉ

OR

BIJOUX

POTIONS

ÉTAT DE VOS PROVISIONS

CASES DES RENCONTRES AVEC UN MONSTRE

Endurance =	*Endurance* =	*Endurance* =
Endurance =	*Endurance* =	*Endurance* =
Endurance =	*Endurance* =	*Endurance* =
Endurance =	*Endurance* =	*Endurance* =

d'abord, vous inscrivez les points d'Endurance de la créature dans une case vide des Rencontres avec un Monstre, sur votre Feuille d'Aventure. Les points d'ENDURANCE correspondant à chaque créature sont donnés dans le livre, chaque fois que vous faites une rencontre. Le combat se déroule alors ainsi :

1. Jetez les deux dés, et comparez le chiffre obtenu avec les chiffres figurant sur le tableau que vous trouverez dans chaque paragraphe où vous devrez livrer combat.

2. Diminuez le total d'ENDURANCE de votre adversaire, ou le vôtre, du nombre de points qui sera alors précisé.

3. Commencez le deuxième assaut en reprenant à l'étape 1. Et poursuivez ainsi jusqu'à ce que vos points d'ENDURANCE, ou ceux de la créature que vous combattez, aient été réduits à zéro (mort).

Fuite

A certaines pages, vous aurez la possibilité de Fuir un combat, s'il vous semble devoir mal se terminer pour vous. Si cette possibilité vous est donnée, et si vous en décidez ainsi, votre adversaire tentera de vous frapper dans le dos, au moment où vous ferez demi-tour. Jetez alors deux dés pour savoir si vous êtes blessé. Si le résultat obtenu est supérieur à votre total d'HABILETÉ, vous recevez un coup dans le dos, et vous perdez 3 points d'ENDURANCE. Mais si ce résultat est égal ou inférieur à votre total d'HABILETÉ, vous réussissez à Fuir sans dommage.

Equipement

Au début de l'aventure, vous ne disposez que d'un équipement minimum. Vous êtes armé d'un poignard et d'une épée magique qui vous éclairera dans l'obscurité... De plus, vous êtes revêtu d'une armure, et vous disposez d'une gourde d'eau fraîche, et d'un Sac à Dos qui vous servira à transporter les trésors ou les objets que vous trouverez tout au long de votre chemin. Inscrivez au fur et à mesure toutes vos trouvailles dans la case Equipement de votre Feuille d'Aventure. Lors de certaines rencontres, vous aurez à utiliser tel ou tel de ces objets qui se révèleront peut-être indispensables, utiles, ou dont les effets pourront être néfastes... selon les indications qui vous seront données.

Indications sur le jeu

Vous voici presque prêt à vous lancer dans l'aventure. Mais attention : si vous lisez les pages qui vont suivre comme les pages d'un livre habituel, l'histoire n'aura aucun sens. Suivez bien toutes les indications qui vous seront données, et vous découvrirez rapidement que cette histoire évoluera suivant les choix que VOUS déciderez. Un chemin mène jusqu'au Temple du Dieu Perdu. Dressez un plan au fur et à mesure que vous progresserez : ainsi, si vous échouez à votre première tentative, vous pourrez vous guider plus facilement, éviter les pièges qui vous seront tendus, vous emparer d'objets utiles ou ignorer ceux qui ne vous auront pas porté chance.

Sur les traces du Dieu Katak

Vous étiez trois dans le caveau sombre et humide — vous-même, Valadir, et l'homme connu sous le nom de Domontor le Dément. Les brumes du Temps se dissipent, semblent s'envoler, et la scène se reconstitue dans votre mémoire comme si vous y étiez encore... les statues décrépites, les fresques qui s'écaillent sur les murs, et vous trois, au fond de ce tombeau oublié. Vos compagnons d'armes, tous valeureux chevaliers du Royaume de Palados, ne sont plus que cadavres déjà raidis par le froid de la mort, transpercés par le fer ou écrasés par le roc, épars le long des cryptes et des tunnels qui descendent vers le caveau.

Valadir brandit son épée et un vif rayon de lumière illumine une escarboucle sertie dans les bas-reliefs baroques qui ornent le sarcophage. Domontor, mystérieux, reste caché dans l'ombre. Soudain un cliquetis se fait entendre, et le couvercle du sarcophage se soulève, révélant un corps momifié qui porte au front, une couronne incrustée de pierres précieuses. Par malheur, le rayon lumineux de l'épée enchantée de Valadir a déclenché du même coup le mécanisme d'un piège aussi ancien que le caveau lui-même. Avant que vous n'ayez pu vous emparer du trésor, le sol se dérobe sous vos pieds et vous êtes précipité dans le vide. Dans un effort désespéré, vous parve nez à vous agripper aux rebords du gouffre noir, mais Valadir disparaît dans les profondeurs en hurlant pitoyablement. Vous appelez Domontor à votre secours. Vous sentez qu'il s'approche, qu'il est là, debout au-dessus de votre tête, dans l'obscurité, et vous en éprouvez un immense soulagement. Mais ce sentiment est de courte durée et votre sang se glace quand vous apercevez l'éclat de son sourire perfide. Sa botte s'écrase sur vos doigts qui s'agrippent désespérément. Vous ne pouvez plus tenir, et vous basculez dans le vide, englouti par les ténèbres...

Vous vous réveillez en sursaut, les battements de votre cœur résonnent à vos oreilles comme un tam-tam dans la jungle. Trempé de sueur, vous vous débattez pour repousser la couverture qui vous colle à la peau. De l'extérieur, vous parviennent les gazouillements des oiseaux exotiques, et les reflets du soleil levant vous font cligner les yeux. Votre navire remonte paisiblement le cours de la rivière. Vous venez encore de faire un cauchemar, toujours le même depuis de longues années : le Sorcier Domontor tente de vous tuer, mais au lieu de suivre Valadir dans la profondeur des abysses, vous êtes arrêté dans votre chute par une étroite corniche en surplomb. Bien que grièvement blessé, vous parvenez à remonter jusqu'au caveau. Mais Domontor, et la couronne avec lui, ont disparu. En silence, comme tous les matins depuis ce jour maudit, voilà tant d'années déjà, vous vous répétez ce serment : ne jamais chercher le repos avant de vous être vengé de l'infâme sorcier.

Les rives de la jungle déroulent leur paysage verdoyant, de part et d'autre du navire. De temps en temps, une masse sombre et allongée se jette paresseusement dans l'eau, et se laisse doucement glisser vers le bateau. Les marins murmurent souvent que les crocodiles d'Ankou sont capables de sectionner un homme en deux. Les crocodiles vous dévisagent en clignant leurs yeux énigmatiques, puis s'en vont à la dérive comme des troncs, au fil des eaux boueuses, rougies par la latérite. Des oiseaux bariolés voltigent au sommet des arbres, en poussant des cris perçants. Au détour d'une courbe de la rivière le vent mollit. A quelque distance devant la proue du navire, jaillissant verticalement des eaux étincelantes, une mince spirale de cristal se détache sur le bleu du ciel, atteignant plus de cent mètres de hauteur. Vous ordonnez aux marins d'amener les voiles et de mouiller l'ancre. Midi approche, l'heure que les textes anciens estiment favorable pour entreprendre votre quête. Votre écuyer attache les boucles et les fixations de votre armure avec le plus grand respect, car vous êtes le Chevalier Dragon de Palados, le plus valeureux guerrier du monde connu. C'est à peine s'il arrive à soulever votre grande épée rutilante, et vous la lui prenez des mains et vous la balancez plusieurs fois sans effort, avant de la glisser dans son fourreau. Les marins vous fixent, bouche bée, et dans leurs yeux se lit un grand respect mêlé de crainte. Vous descendez dans le canot qui attend à couple du navire et, debout à la proue, vous ordonnez de larguer les amarres. Vous n'entendez pas les sourds grognements scandés par les hommes courbés sur leurs rames car votre esprit se concentre entièrement sur ce qui vous attend : le Temple de Katak, le Dieu du Feu, perdu depuis la nuit des temps dans les profondeurs d'une jungle infestée de moustiques, camouflé sous l'enchevêtrement des lianes et des plantes grimpantes, et cerné de marais impénétrables. C'est un parchemin poussiéreux, déniché dans les Archives d'Aktanie, capitale du grand Royaume de Palados, qui vous a livré quelques bribes de renseignements vous permettant, par recoupements, de déduire la position exacte du temple.

Une ombre éclipse le soleil. Vous levez les yeux : l'astre se cache derrière le premier rideau de branchages qui domine la rivière. Vous n'êtes plus très loin de votre but. D'après le bibliothécaire d'Aktanie, un vieillard courbé sous le poids des ans, quelqu'un d'autre a consulté, quelques semaines avant vous, le parchemin dans lequel vous avez glané vos renseignements. Pourtant le vieillard n'a pas pu se souvenir du visage du visiteur, comme si un sortilège lui avait ôté la mémoire. Vous réfléchissez encore à ce mystère, quand le canot atteind la berge. Vous sautez lestement ; les rameurs observent craintivement le sommet des arbres où des perroquets aux couleurs chatoyantes s'égaient, tandis que des singes se poursuivent bruyamment de branche en branche. « Surveillez bien ce lieu, leur recommandez-vous. C'est d'ici-même que je vous lancerai des signaux, quand je reviendrai de cette expédition, la statue d'or du Dieu Katak dans les bras ! ». Avec un soulagement évident, ils déhalent le canot du rivage, et s'en retournent vers le milieu de la rivière, où le navire se balance mollement sur son ancre. Vous lui lancez un dernier regard, puis en prenant une longue inspiration, vous tournez les talons et vous vous enfoncez dans la jungle...

Et maintenant, tournez la page.

1

Au plus profond de la jungle, la lumière du soleil, tamisée par l'épaisseur du plafond de feuillage, vous inonde de rayons verts et dorés. Vous avancez avec peine, vous taillant un chemin à coups de coutelas, à travers les rideaux de lianes et les broussailles. Vos bottes gargouillent dans le sol boueux et sont vite détrempées. Des essaims de moustiques et de libellules aux couleurs fantastiques vous assaillent, dans la chaleur lourde et moite. Des serpents se réchauffent au soleil et se laissent pendre en boucles indolentes, sifflant sans conviction à votre passage. Une brise douce agite la cime des arbres, et les rayons du soleil, s'écoulant par les trouées du feuillage, vous arrosent comme une cascade d'or liquide. Un perroquet au cri perçant traverse à grands coups d'ailes une colonne de lumière, vous éblouissant presque de ses éclats multicolores.

Votre progression devient moins ardue et, au bout d'un moment, vous décidez de faire une halte pour vous reposer. Comme vous vous apprêtez à boire une gorgée de votre gourde, votre regard est attiré par un drame qui se joue à peine à quelques pas de vous. Un minuscule singe-araignée, au faciès rouge, accroupi sur une pierre plate, est totalement fasciné par le balancement de la tête d'une grosse vipère qui ondule lentement en se rapprochant de lui. Paralysé de terreur, le singe est voué à une mort certaine, à moins que vous n'interveniez. Si vous souhaitez lui sauver la vie en tuant le serpent, rendez-vous au **11**.

Si vous préférez ne pas prêter attention à cet incident et poursuivre votre chemin, rendez-vous au **18**.

2

Vous fouillez le sac rapidement, dans l'espoir d'y trouver quelque mixture dont le pouvoir magique pourrait se révéler utile. Vous passez en revue tous les pots et les fioles, mais cette inspection ne vous renseigne guère sur leurs effets. Le choix de trois substances, apparemment les plus engageantes, sera essentiellement confié à l'intuition et au hasard. Allez-vous essayer :

Une Pommade bleue ?	Rendez vous au **261**
Une Poudre rouge-sombre ?	Rendez vous au **90**
Un Liquide vert ?	Rendez vous au **121**

3

Vous êtes à l'extrémité nord d'une galerie dénudée et parsemée de blocs de pierre tranchants. Sans vous intéresser à une autre porte en ébène, toute proche, vous repartez vers le sud. Soudain, un grondement sourd rompt le silence, et en plissant les yeux, vous arrivez à distinguer dans l'obscurité ce qui ressemble à une gigantesque statue grossièrement taillée, et qui s'avance vers vous. Même votre épée magique aura du mal à entamer l'ajustage de plaques qui constituent le corps du Golem.

GOLEM ENDURANCE : 15

Lancez deux dés. Si vous obtenez :
de 2 à 6 : vous êtes blessé et vous perdez 4 points d'ENDURANCE ;
de 7 à 12 : le Golem perd 3 points d'ENDURANCE.

Vous pouvez prendre la Fuite vers le sud, rendez-vous dans ce cas au **72**. Mais si vous préférez mener le combat à son terme, et si vous êtes vainqueur, rendez-vous au **14**.

4

Le Phénix criaille férocement, tandis que vous grimpez les marches en courant. Vous passez sous la voûte qui débouche dans un tunnel orienté vers le nord. Domontor a laissé des empreintes de pas dans la poussière. Sans un regard pour les deux statues-sentinelles, ni pour le monstrueux squelette étendu à leur pied, vous vous précipitez dans cette direction. Rendez-vous au **208**.

5

Une intuition soudaine vous fait craindre un piège. Vous contournez la clairière, tous les sens en éveil, et vous vous enfoncez dans la jungle épaisse. Rendez-vous au **80**.

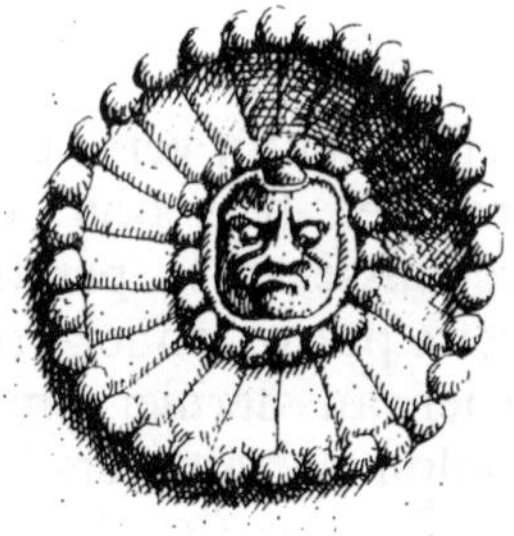

6

Vous débouchez la fiole, et vous risquez une narine prudente... Aucune odeur. Vous pourrez boire cette potion à tout moment, au cours de votre aventure (y compris maintenant, si vous le désirez), sauf au cours d'un combat. Quand vous en aurez décidé ainsi, il vous faudra vous rendre au **101**, afin de découvrir les effets de la potion. Mais n'oubliez pas alors de noter le numéro du paragraphe d'où vous venez, car vous devrez obligatoirement y revenir. Vous renfoncez le bouchon, et vous rangez la fiole dans votre Sac. Si vous ne l'avez pas déjà fait, vous pouvez maintenant prendre l'anneau (rendez-vous au **45**) ou la ceinture (rendez-vous au **174**). Si vous préférez quitter cette pièce, rendez-vous au **240**.

7

La sphère de pierre rebondit sur la plate-forme, décrit une courbe par-dessus votre tête, atterrit quelques marches plus bas, et s'engouffre dans l'obscurité dans un bruit de tonnerre. Vous vous relevez en vous époussetant. Un choc formidable ébranle l'escalier au moment où le rocher se fracasse, tout en bas. Vous descendez les dernières marches, dont beaucoup sont maintenant brisées ou fêlées. Rendez-vous au **211**.

8

Le couloir s'oriente bientôt vers l'est, et vous amène enfin à une porte en bois noir, ornée de motifs géométriques rehaussés à la peinture or. Si vous désirez ouvrir cette porte, rendez-vous au **3**. Si vous préférez retourner au dernier embranchement et emprunter le couloir partant vers l'est, rendez-vous au **205**.

9

En roulant sur vous-même, vous sentez la chaleur de l'onde d'énergie qui vous frôle. L'endroit où vous étiez étendu quelques secondes auparavant s'est transformé en une mare de pierre fondue. Vous bondissez sur vos pieds car vous savez bien que vous n'esquiverez pas longtemps les décharges mortelles. Et même si cette idée froisse profondément vos instincts guerriers, il va falloir essayer de vous échapper. Rendez-vous au **27**.

10

L'eau a un goût vaguement amer mais cependant supportable, et vous ne ressentez aucun malaise. Plein d'admiration pour une magie capable de conserver de l'eau potable pendant des siècles, vous réfléchissez à ce que vous allez maintenant faire. Allez-vous partir immédiatement vers l'ouest (rendez-vous au **119**) ou préférez-vous tout d'abord prendre le Tambour de la déesse (rendez-vous au **144**) ?

11

Vous ne vous êtes pas encore redressé que votre bras se détend d'un mouvement sec. Le poignard lance un éclair dans le soleil, fait un tour sur lui-même, et se plante dans la tête de la vipère. Le petit singe vous observe, incrédule, alors que vous vous approchez du cadavre du reptile encore secoué de convulsions, pour en retirer votre arme. Et l'expression de l'animal est si comique que vous éclatez de rire, tout en rangeant votre poignard. Autour de lui, vous remarquez de nombreuses coquilles vides qui jonchent le sol : sans doute était-il trop occupé par son déjeuner pour remarquer la vipère ! Vous quittez maintenant

11 *Le petit singe vous observe, incrédule, à côté du cadavre du reptile encore secoué de convulsions.*

la clairière, et vous vous dirigez d'un bon pas en direction du temple de Katak. Derrière vous, le petit singe a saisi quelques noix avant de se précipiter à votre suite. Soudain, vous sentez que l'on vous tire en arrière. Sur le qui-vive, vous vous retournez pour découvrir le singe solidement cramponné par les dents à l'ourlet de votre manteau. En faisant nombre de mimiques, il semble vous indiquer de choisir un chemin différent ! Si vous décidez de suivre ce conseil, rendez-vous au **57**. Si vous préférez vous débarrasser de cet encombrant farceur, et poursuivre votre route selon le plan que vous vous êtes tracé, rendez-vous au **18**.

12

Le couloir s'élargit, pour finalement se terminer en cul-de-sac. Une large porte incrustée de dorures s'ouvre, cependant, dans le mur de droite. Vous remarquez que les traces ont disparu, car le sol, devant le seuil, a été balayé. Peut-être dans une intention particulière... Il se peut également que l'absence de poussière à cet endroit soit peut-être la conséquence d'un combat qui s'y serait récemment déroulé. Il semble bien que le seul choix possible soit de passer la porte, et vous vous décidez à en pousser les battants. A cet instant, vous remarquez dans l'ombre, là où le couloir se termine, la tunique noire d'un Gardien du Cauchemar qui traîne à terre. Si vous désirez l'examiner de plus près, rendez-vous au **296**. Si vous préférez passer la porte et continuer votre chemin, rendez-vous au **133**.

13

D'un violent coup de reins, vous essayez d'esquiver la décharge d'énergie mais vous n'êtes pas assez rapide.

Vous perdez 15 points d'ENDURANCE. Si vous êtes toujours vivant, malgré la douleur terrible que vous ressentez, rendez-vous au **242**.

14

Reprenant votre souffle après cette bataille de titans, vous remarquez une lueur nacrée qui émane du monceau de gravats et de décombres rocheux, tout ce qui reste du Golem. Vous fouillez parmi ces débris de pierre et d'ardoise, et vos doigts se referment sur un objet arrondi, enfoui dans les vestiges de la poitrine de la créature. L'objet que vous tenez maintenant devant la lumière de votre épée est une trompe, ou plus exactement la coquille vide d'une conque, sur laquelle est gravé un emblème en forme d'éclair. Si vous décidez d'emporter cet objet, n'oubliez pas de l'inscrire sur votre Feuille d'Aventure. Il n'y a pas de temps à perdre, si vous ne voulez pas que Domontor vous échappe, et vous vous hâtez de partir vers le sud. Rendez-vous au **72**.

15

Une lourde porte en ébène ferme le passage et interrompt votre course. C'est cependant la seule issue et, en jetant des coups d'œil inquiets dans l'obscurité, derrière vous, vous soulevez le loquet et vous poussez la porte. Rendez-vous au **3**.

16

Vous vous arrêtez près de la voûte. Les statues, comme vous pouvez vous en rendre compte maintenant, sont celles de deux guerriers prêts à dégainer leurs épées. Ils font face à l'entrée, et leurs visages expriment une peur intense. Le squelette d'une Gorgone, très certainement morte depuis longtemps, gît sous la voûte, dans l'ombre. Il y a peut-être des siècles qu'elle a transformé ces deux guerriers en statue de pierre, avant de mourir à son tour. Votre épée éclaire les contours sombres d'un tunnel, au-delà de la voûte d'entrée. Vous remarquez que dans la poussière qui recouvre le sol se sont imprimées des traces de pas. Domontor est passé par là ! En hâtant votre allure, vous suivez les traces. Rendez-vous au **208**.

17

Vous retombez maladroitement sur votre Sac, et en poussant frénétiquement sur vos jambes, vous essayez de passer par l'ouverture qui se rétrécit à chaque seconde. Mais dès que vous sentez une légère pression sur votre poitrine, vous abandonnez vos efforts convulsifs. Paralysé d'horreur, vous voyez la dalle de pierre descendre, descendre... Vous n'entendrez pas le crissement mou de la pierre lorsqu'elle touchera le sol, car votre corps aura déjà été réduit en une bouillie sanglante. Votre aventure se termine ici.

18

Vous n'avez parcouru que quelques mètres quand vous sentez que vous vous enfoncez rapidement dans le sol. Vous êtes tombé en plein dans les sables mouvants qui entourent le Temple. C'est de cette manière que les Anciens Prêtres de Katak empêchaient la profanation de leur sanctuaire par des individus de votre genre ! Vous vous débattez sauvagement, mais c'est là une vaine agitation. Les sables fluides vous engloutissent, étouffant vos cris. C'est la fin de votre aventure, et de votre vie.

19

Les Horricrânes vous encerclent lentement et se préparent a l'attaque. Leur regard vide vous font frissonner. Allez-vous dégainer votre épée (rendez-vous au **126**) ou préférez-vous chercher dans votre Sac un objet qui pourrait vous être utile (rendez-vous au **273**) ?

20

Quel objet allez-vous utiliser :

Un Tambourin en ébène ?	Rendez-vous au **59**
La Baguette magique du Sorcier ?	Rendez-vous au **255**
De la Poudre de Rubis ?	Rendez-vous au **127**

Si vous n'avez aucun de ces objets, il va falloir vous battre. Rendez-vous au **41**

21

Avez-vous succombé à la malédiction du Prêtre-Roi ? Si oui, rendez-vous au **284**. Sinon, rendez-vous au **60**.

22

Au bout du couloir se trouve une porte dont la poignée est un anneau de fer formé de deux serpents entrelaçés. Vous la tournez, mais la porte est apparemment verrouillée. Vous lui donnez alors un violent coup d'épaule, et elle s'ouvre à la volée vous faisant perdre l'équilibre. A plat ventre, vous glissez le long d'une pente douce qui finit par déboucher au fond d'une espèce de puits rempli d'ossements blanchâtres. Etourdi mais indemne, vous remarquez

22 *Sa carapace, articulée comme celle d'un gigantesque crustacé, semble être en or massif.*

immédiatement une nouvelle porte vous faisant face. Vous vous relevez et vous vous dirigez tant bien que mal vers elle, en essayant de faire craquer le moins d'os possibles sous vos pieds, lorsque quelque chose de massif, apparemment métallique, reflète le faisceau lumineux de votre épée. Lentement, prudemment, effrayant au point d'exercer une dangereuse fascination, un Scorpion géant surgit d'un amas d'ossements et vous barre la route. Créature vivante ou automate né de la magie ? Il est difficile de le dire, car sa carapace, articulée comme celle d'un gigantesque crustacé, semble être en or massif. Vous essayez de le contourner, mais vous avez sous-estimé sa rapidité. Il vous attaque avec une vitesse foudroyante. Sans vous laisser le temps de faire le moindre geste, l'une de ses pinces brillantes se referme sur votre jambe, et vous avez beau lui asséner une volée de coups d'épée, inexorablement, il vous attire vers ses mâchoires luisantes et métalliques.

SCORPION D'OR ENDURANCE : 12

Lancez deux dés. Si vous obtenez :
de 2 à 4 : le Scorpion vous pique de son dard et vous perdez 4 points d'ENDURANCE ;
5 ou 6 : il vous attrape avec son autre pince et vous perdez 3 points d'ENDURANCE ;
de 7 à 12 : le Scorpion d'or perd 3 points d'ENDURANCE.

Il vous tient dans un implacable étau et il n'est pas question de Fuir. Au cours de ce combat, il vous faudra prendre note du nombre de piqûres que vous recevrez. Si vous êtes vainqueur, rendez-vous au **178**.

23

Vous vous approchez de la figurine, lorsque, brusquement, le sol se dérobe sous vos pieds. Ouisti réagit instantanément, et saute de votre épaule pour se mettre à l'abri, mais vous ne pouvez l'imiter et vous disparaissez dans la chausse-trappe dont le fond est hérissé de pieux d'acajou. Une triste fin pour un aventurier de votre qualité !

24

Des traces de pas dans la poussière vous indiquent que Domontor et le Gardien de Cauchemar sont passés par là. Un peu plus loin, le couloir tourne brusquement à droite. Sur le sol, scintillant dans l'ombre, vous remarquez un poignard effilé. Si vous souhaitez vous arrêter pour ramasser cette arme, rendez-vous au **131**. Si vous préférez poursuivre votre chemin, rendez-vous au **190**.

25

L'Anneau magique a pour effet de vous rendre aussi immatériel qu'un fantôme. Vous avez du mal à en croire vos sens, mais le rocher passe à travers votre corps comme si vous n'existiez pas. La sphère de pierre s'enfonce dans l'obscurité, alors que vous reprenez votre état normal, et l'Anneau se désagrège et tombe en poussière, son pouvoir maintenant épuisé. Vous entendez le rocher rebondir au loin, puis s'écraser tout en bas dans un fracas assourdissant. Vous descendez les marches. Rendez-vous au **211**.

26

Vous sentez le terrible venin se répandre dans vos veines, et vous vous accroupissez au milieu des débris d'ossements. Si vous possédez un contre-poison, rendez-vous au **42**. Si vous n'en avez pas, ou si vous préférez ne pas en prendre, rendez-vous au **239**.

27

Qu'allez-vous faire : courir tout droit vers le passage qui s'ouvre dans le mur ouest (rendez-vous au **66**) ou rebrousser chemin (rendez-vous au **169**) ?

28

Vous descendez les marches, et vous plongez dans le bassin, vous immergeant complètement dans l'eau fraîche. Quel dommage que vous n'ayez pas le temps de vous prélasser plus longtemps, de prendre un vrai bain pour débarrasser vos membres fatigués de la poussière, de la saleté ou du sang accumulés depuis quelques heures. Mais le diabolique Domontor ne quitte pas vos pensées, et il n'est pas question qu'il atteigne la Statue de Katak avant vous ! En sortant, tout ruisselant d'eau du bassin, vous vous étonnez de ne pas avoir froid. Car même en plein été, on a toujours un peu froid en sortant de l'eau, n'est-ce pas ? Mais l'heure n'est pas à ce genre de spéculation ! Allez-vous partir vers l'ouest immédiatement (rendez-vous au **119**) ou préférez-vous tout d'abord prendre le Tambour de la statue (rendez-vous au **179**) ?

29

La flamme émise par l'Esprit de Feu grandit à chaque seconde, et la température devient vite insupportable. L'atmosphère ardente vous affaiblit déjà et, à moins que vous n'arriviez à vaincre l'Esprit de Feu très vite, vous succomberez à l'intense chaleur.

Lancez deux dés. Si vous obtenez :
de 2 à 7 : vous suffoquez et vous perdez 3 points d'ENDURANCE ;
de 8 à 12 : l'Esprit de Feu perd 3 points d'ENDURANCE.

Si le combat n'est pas terminé en quatre tours de dés, rendez-vous au **68**. Dans le cas contraire, rendez-vous au **135**. Vous êtes trop faible à présent pour Fuir.

30

En combat rapproché, la Bague de la Mort Rouge ne lui sert à rien, et Domontor doit dégainer sa propre épée, une longue lame de cristal sombre, terriblement effilée et montée sur un manche en argent patiné.

DOMONTOR
LE DEMENT ENDURANCE : 9

Lancez deux dés. Si vous obtenez :
de 2 à 5 : vous êtes blessé et vous perdez 3 points d'ENDURANCE ;
de 6 à 12 : Domontor perd 3 points d'ENDURANCE.

Si vous êtes vainqueur, rendez-vous au **300**.

31

Vous marchez pendant quelques minutes et vous arrivez à un endroit où le sentier oblique brutalement vers la droite. En plissant les yeux, vous essayez de repérer le soleil à travers le feuillage. Vous dépliez votre carte, et vous estimez, d'après la position du soleil qui embrase un ciel de cobalt, que le Temple se situe droit devant vous. Si vous décidez de vous diriger sans détour, en coupant à travers la végétation touffue, rendez-vous au **80**. Si vous préférez rester sur ce sentier tortueux, rendez-vous au **74**.

32

S'il s'agit d'une baguette magique, elle n'obéit qu'aux ordres du Sorcier. Vous avez beau l'agiter dans leur direction, ces tentatives demeurent sans effet et deux de ces affreuses créatures bondissent vers vous, en faisant claquer leurs mâchoires incandescentes. Vous perdez 4 points d'ENDURANCE. Si vous êtes encore en vie, vous dégainez votre épée et vous vous préparez à combattre. Rendez-vous au **126**.

33

Vous tenez bon, et votre esprit parvient à repousser l'attaque psychique. Vous éprouvez une sensation fugitive de rancune, de cruauté refoulée, et puis le sortilège que vous avez réveillé se dissipe et disparaît. Jugeant plus prudent de ne pas vous exposer à d'autres manifestations du même genre, vous vous dirigez vers l'extrémité de la salle. Rendez-vous au **288**.

34

Les dalles de pierre descendent jusqu'au sol, et bloquent le couloir devant comme derrière vous. Vous commencez à sonder les murs dans l'espoir de découvrir une échappatoire à ce piège diabolique quand, soudain, le puissant faisceau de lumière bleue de votre épée vacille, puis s'éteind. Votre surprise fait vite place à une panique grandissante : vous savez fort bien que seule une force magique surhumaine peut annuler le pouvoir de votre épée. Dans l'obscurité totale, le sol de pierre semble se dissoudre, puis disparaître sous vos pieds. Vous tendez le bras, mais vous n'atteignez plus les murs : le couloir n'existe plus ! Tout à coup, vous apercevez une lueur rouge au loin, et tandis qu'elle se rapproche, vous comprenez que vous êtes en train de dériver dans le vide. Vous criez mais aucun écho ne résonne dans l'abîme, dans cet étouffement cotonneux de l'infini. Et maintenant, suffoqué de terreur, vous commencez à discerner les contours de la lueur rouge : ce sont les yeux et la gueule béante d'un visage gigantesque, le visage de Katak qui vous apparaît à travers les siècles. Vous avez violé son Temple, vous tombez dans sa gueule béante comme un cratère et vous allez payer le prix de la profanation que vous avez commise. Un prix élevé...

35

Vous agissez si vite que les indigènes ne peuvent rien faire contre vous. Ils n'ont pas le temps de comprendre, car, déjà, vous vous jetez sur eux, et vous saisissez le Sorcier à la gorge, étouffant ses litanies. Il plonge sa main décharnée dans le sac à maléfices qu'il porte à la ceinture. Lancez un dé. Si vous obtenez 5 ou 6, vous lui saisirez le bras avant qu'il n'ait eu le temps d'y prendre quoi que ce soit (rendez-vous au **280**). Mais si vous obtenez moins de 5, vous ne serez pas assez rapide. Rendez-vous au **83**.

36

En soulevant la lourde dalle, vous découvrez une volée de marches, étroite et sinueuse, qui s'enfonce dans l'obscurité. Vous dégainez votre épée magique, et un arc de lumière bleue et dure crépite aussitôt le long de la lame. Vous voyez à présent que les marches sont recouvertes d'un tapis de poussière accumulé au cours des millénaires. Des bas-reliefs, sculptés dans les murs, décrivent comme à plaisir des tortures et des sacrifices sanguinaires. Ouisti babille nerveusement sur vos talons, quand vous vous engagez dans cet inquétant escalier. L'air y est si brûlant, si sec, que chaque respiration est un combat. En bas des marches, vous passez sous une voûte triangulaire qui donne dans une antichambre, où vous distinguez une autre issue vers le nord, juste en face de vous. Le mur qui se trouve à votre droite est entièrement tendu d'une tapisserie délavée. Si vous souhaitez traverser l'antichambre et vous diriger vers le nord, rendez-vous au **96**. Si vous désirez d'abord jeter un coup d'œil derrière la tapisserie, rendez-vous au **221**.

37

Vous exposez le pendentif à la lumière, et vous observez le grand joyau translucide qui oscille au bout de sa chaîne, lançant des éclairs de couleurs chatoyantes. Tout à coup vous sentez qu'une influence maléfique s'empare de votre esprit. Lancez deux dés, et essayez d'obtenir un résultat inférieur ou égal à votre total de PSI. Si vous y parvenez, rendez-vous au **248**. Sinon, rendez-vous au **191**.

38

Surgie du fond des âges, la malédiction s'abat sur vous, obéissant aux incantations et aux rites accomplis deux mille ans auparavant. Vous ne comprenez pas très bien ce qui vous arrive, si ce n'est qu'un obscur sentiment de persécution vous oppresse. Vous repartez vers le fond de la galerie, angoissé et inquiet. Rendez-vous au **288**.

39

Dans la partie ouest, là où se trouve la cape, deux colonnes ornent la salle. Elles figurent des serpents à plume, la tête fièrement dressée contre le plafond, comme prêts à mordre. Vous passez entre ces deux colonnes, non sans quelque nervosité, et vous examinez le cape. Elle est d'une beauté surprenante, sous la double clarté des flammes et de l'immuable faisceau bleu de votre épée. Elle scintille et renvoie de riches éclats de turquoise, d'émeraude et d'or. A quel oiseau appartenaient ces plumes splendides ? Cela dépasse votre imagination. Allez-vous prendre cette cape (rendez-vous au **193**), ou bien préférez vous la laisser là ou elle se trouve et poursuivre votre chemin (rendez-vous au **294**) ?

40

Les guerriers vous conduisent en silence à travers la jungle, et finalement vous débouchez dans la clairière où se dresse leur village. D'autres indigènes sortent de leurs cases rudimentaires faites de roseaux et de boue séchée, et ils vous observent, tandis que l'on vous conduit chez le Sorcier. C'est un vieillard difforme, et il est occupé à surveiller plusieurs énormes jarres pleines de décoctions en fermentation, à l'ombre de sa case. S'adressant à vos ravisscurs, il profère quelques mots dans un jargon incompréhensible, puis il se met à agiter une baguette en os, en chantant à pleins poumons. Ouisti semble avoir disparu, une réaction pour le moins prudente ! Vous observez le Sorcier qui sautille péniblement et vous jetez un regard inquiet aux javelots qui luisent au soleil. Le guerrier qui porte votre épée n'est qu'à quelques pas de vous, devant un Totem au sommet duquel se balancent mollement de macabres trophées : des guirlandes de têtes réduites. Vous en comptez au moins vingt. Si vous ne voulez pas que votre propre tête aille enrichir la collection, vous feriez bien de prendre rapidement une décision. Allez-vous bondir sur le Sorcier (rendez-vous au **35**) ou allez-vous essayer de reprendre votre épée au guerrier qui la garde (rendez-vous au **188**) ?

41

Vous vous jetez de côté au moment où la première des Momies arrive sur vous, brandissant sa redoutable masse d'armes sertie d'obsidienne. La terreur qui vous paralyse vous fait manquer l'occasion de Fuir, et il vous est impossible d'éviter ce combat.

Première MOMIE	ENDURANCE : 9
Deuxième MOMIE	ENDURANCE : 9
Troisième MOMIE	ENDURANCE : 9
Quatrième MOMIE	ENDURANCE : 9

40 *Le vieillard profère quelques mots dans un jargon incompréhensible, puis il se met à chanter.*

Lancez deux dés. Si vous obtenez :
2 : vous perdez 12 points d'ENDURANCE ;
3 : vous perdez 9 points d'ENDURANCE ;
de 4 à 5 : vous perdez 6 points d'ENDURANCE ;
de 6 à 8 : vous perdez 3 points d'ENDURANCE ;
de 9 à 12 : une des Momies (à vous de décider laquelle) perd 3 points d'ENDURANCE.

Si vous parvenez à tuer une Momie, rendez-vous au **268**.

42

Malheureusement pour vous, le contrepoison provoque une réaction négative en se mélangeant au venin qui circule dans vos veines. Votre fin survient rapidement, accompagnée de terribles souffrances. Votre aventure se termine ici.

43

L'épée de votre Simulacre et la vôtre s'entrechoquent dans une gerbe d'étincelles et, tout en combattant furieusement, vous espérez que le sourire de dément qui assombrit son visage ne soit pas le reflet de votre âme !

Lancez deux dés. Si vous obtenez :
de 2 à 6 : vous êtes blessé et vous perdez 3 points d'ENDURANCE ;
7 : vous vous blessez simultanément, et vous perdez chacun 3 points d'ENDURANCE ;
de 8 à 12 : le Simulacre perd 3 points d'ENDURANCE.

Si vous êtes vainqueur, rendez-vous au **283**.

44

Le sentier se poursuit encore un moment en faisant de nombreux méandres, puis il continue tout droit en passant entre deux rangées de jeunes cocotiers qui s'entrelacent en surplomb, formant comme une tonnelle naturelle. Ici, l'air semble moins humide, le parfum des fleurs moins entêtant. Vous avancez sous cette voûte de verdure, en vous divertissant du spectacle des ombres et des lumières qui se projettent en motifs dansants devant vous, et vous vous surprenez même à chantonner. Si ce n'était la chaleur et l'étrange tumulte de la jungle, vous pourriez vous croire en promenade dans les Jardins Ornementaux d'Achtan. La mélodie meurt sur vos lèvres à l'instant où vous apercevez une douzaine de visages féroces, sillonnés de profondes cicatrices initiatiques, qui vous observent à travers le feuillage enchevêtré. Le chemin de cocotiers était un piège, et vous vous êtes jeté dedans tête baissée ! Vous courez maintenant du plus vite que vous le pouvez, mais des barricades sont vite abaissées, et des sarbacanes pointent entre les feuilles des palmiers, et vous visent. Quand des guerries, armés de lances, font irruption sur le chemin et vous encerclent, vous ne pouvez que vous rendre, leur tendre votre épée, et les suivre. Rendez-vous au **40**.

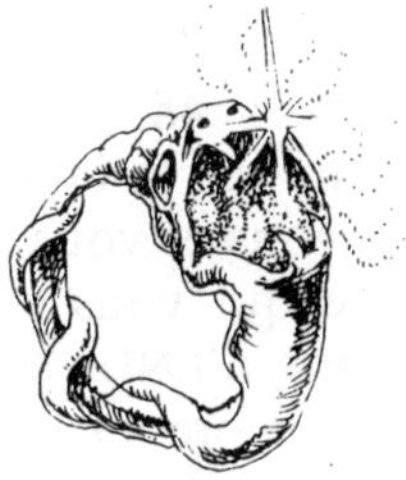

45

Vous glissez l'anneau de bronze à votre doigt. C'est un Anneau Magique d'Intangibilité. Vous êtes persuadé qu'il vous sera utile tôt ou tard. Si vous ne l'avez déjà fait, vous pouvez maintenant prendre la ceinture (rendez-vous au **174**) ou la fiole contenant le liquide bleu (rendez-vous au **6**). Si vous préférez poursuivre votre chemin, rendez-vous au **240**.

46

L'énorme sphère de rocher vous écrase et vous réduit à l'état de bouillie sanglante. Si Domontor survit, et qu'il revienne par ce chemin, peut-être trébuchera-t-il sur votre cadavre informe, laissant éclater joyeusement son rire sardonique. Votre aventure se termine ici.

47

La plume du Phénix brille d'un éclat intense quand vous entrez dans la colonne de lumière, et vous nimbe d'une aura surnaturelle. Des forces invisibles vous rendent aussi léger que l'air, et vous descendez lentement, en décrivant de larges cercles. Au bout d'un moment, vous plongez au cœur de la pyramide-jumelle et vous pénétrez dans une caverne, sur le sol de laquelle vous vous posez délicatement. Rendez-vous au **224.**

48

Vous vous précipitez sur la créature, mais elle fixe son œil unique sur vous et vous lance une décharge d'énergie lumineuse qui vous paralyse le cerveau. Vous perdez 2 points d'ENDURANCE. Si vous êtes toujours en vie, vous reprenez connaissance au bout de quelques instants, et vous découvrez que la créature vous fixe toujours. Son œil est maintenant d'un violet incandescent, et il vous projette un faisceau fulgurant de lumière rouge. Lancez deux dés et augmentez de points le total obtenu (parce qu'il est plus difficile d'esquiver lorsqu'on est allongé sur le dos). Si vous obtenez plus que votre total d'HABILETE, rendez-vous au **287**. Sinon, rendez-vous au **9.**

49

Allez-vous vous baigner dans le bassin (rendez-vous au **28**) ou bien aller-vous y puiser de l'eau pour vous désaltérer (rendez-vous au **10**) ?

50

Vous passez devant une porte percée dans le mur de gauche, mais vous décidez de ne pas y prêter attention. Bientôt, le couloir est rejoint par un passage qui vient du sud. Dans la poussière qui recouvre le sol, vous apercevez des traces de pas laissées par trois personnes, très certainement Domontor et ses deux porte-flambeaux. Imposible de savoir combien de Gardiens de Cauchemar l'accompagnaient, car ces sinistres créatures ne laissent jamais aucun signe de leur passage. Vous décidez de suivre les traces qui se dirigent vers l'ouest. Rendez-vous au **12.**

51

Vous avancez prudemment le long du sentier. Alors que, jusque-là, Ouisti caracolait joyeusement devant vous, il préfère maintenant rester à vos côtés. Un malaise vous tenaille, vous êtes à l'affût des innombrables bruits de la forêt, et vous êtes sans cesse aux aguets, essayant de déceler, dans l'incessante cacophonie des chants d'oiseaux et des cris d'animaux, l'imperceptible froissement qui trahirait l'approche d'un fauve. Le sentier oblique brutalement à gauche, et vous débouchez dans une clairière, dans laquelle une grande cage en bois est suspendue à une branche d'arbre. Une jeune fille y est enfermée, les poignets attachés à l'un des barreaux par des chaînettes d'argent. Elle vous dévisage en silence, les cheveux en broussaille et l'air farouche. Allez-vous traverser la clairière et poursuivre votre chemin (rendez-vous au **129**) ou désirez-vous lui porter secours (rendez-vous au **271**) ?

52

Une fois ouverte, l'urne laisse échapper une violente odeur de moisissure. Elle est pleine à ras bord de cendres noires. A première vue, ce sont les restes calcinés de victimes de sacrifices, mais c'est un jugement que vous révisez rapidement. Les cendres sont en effet trop sombres, trop lourdes, et elles ressemblent plutôt à des cendres volcaniques. N'est-ce pas la preuve éclatante du fanatisme insensé des prêtres de Katak : rassembler et conserver de telles scories ? Si vous le désirez, vous pouvez prendre une des urnes, avant de revenir vers la salle. Rendez-vous au **288**.

51 *Une jeune fille y est enfermée, les poignets attachés à l'un des barreaux par des chaînettes d'argent.*

53

Vous traversez une succession de salles très hautes de plafond. Sur votre droite vous apercevez une galerie en arcades qui court parallèlement au mur et semble relier toutes les salles entre elles. Il est bien inutile de s'interroger sur la logique qui sous-tend l'architecture d'Ankou, car elle était plus influencée par le respect des rites et des doctrines que par des impératifs fonctionnels. Néanmoins, tandis que vous passez d'une salle à l'autre, vous pensez que cela serait peut-être utile d'aller jeter un coup d'œil à cette galerie. Si vous vous décidez dans ce sens, rendez-vous au **236.** Si vous désirez continuer vers l'ouest, rendez-vous **217**.

54

Les corps des Momies gisent autour de vous dans un amoncellement d'armes brisées et d'armures disloquées. Vous frissonnez à la vue des pâles blessures exsangues que votre épée a taillées dans leur chair grise, mais vous vous obligez à les fouiller entièrement. C'est avec amertume que vous constatez à quel point il était inutile de prolonger ce combat périlleux. Vous auriez aussi bien fait de fuir, car les Momies ne transportent rien qui puisse vous être utile. Vous quittez l'endroit par l'ouverture du mur sud, et vous marchez le long d'un court passage qui vous conduit devant une porte de bois noir. La seule possibilité qui vous soit offerte est donc de pousser cette porte. Rendez-vous au **3**.

55

Le passage vous mène jusqu'à un balcon qui surplombe une vaste salle circulaire, dont le sol est parcouru d'un entrelacs lumineux d'ondulations orangées. En les observant, vous voyez les motifs brillants se défaire, s'estomper et disparaître sans interruption pour aussitôt laisser place à de nouvelles formes. Vous supposez qu'il doit s'agir des effets de la patine de phosphore qui recouvre le sol. A chacune des extrémités du balcon, un escalier descend en une large courbe jusqu'à la salle. A mi-hauteur de l'escalier de droite, une arcade voûtée gardée par deux statues s'ouvre vers le nord. Si vous désirez prendre l'escalier de gauche, rendez-vous au **111**. Si vous préférez emprunter l'escalier de droite, rendez-vous au **16**.

56

Vous pénétrez dans une salle spacieuse, très haute de plafond. Des peintures murales en partie calcinées, recouvrent les murs est et ouest. Au centre de cette salle, un puits s'ouvre dans le sol, et vous remarquez une porte dans le mur du fond. Vous avancez prestement, décrivant une courbe prudente autour du puits béant, lorsqu'un bruit s'élevant des profondeurs de la terre vous glace le sang. Cela commence comme le gémissement de la brise, pour s'amplifier en un grondement, et devenir un rugissement de cyclone. Un torrent de feu jaillit alors de la gueule noire de la fosse. Vous reculez, terrifié, cloué sur place au spectacle de l'apparition d'une mince silhouette qui se matérialise dans les flammes ! Elle est maintenant aussi haute que la salle, et sa crinière de fumée monte en volutes vers le plafond, alors que ses yeux luisent comme la braise. D'une main, elle brandit un fouet d'étincelles, et de l'autre, un jet de flammes rouges en forme de cimeterre. C'est le Malgosh, le plus redoutable de tous les démons du feu. Il se jette en avant comme un torrent noir et vos épées se croisent, froide lueur bleue contre ardente flamme rouge.

LE MALGOSH ENDURANCE : 18

Lancez deux dés. Si vous obtenez :
de 2 à 7 : vous perdez 4 points d'ENDURANCE ;
de 8 à 12 : le Malgosh perd 3 points d'ENDURANCE et vous en perdez 1.

Remarquez bien qu'à chaque fois que vous touchez le Malgosh, vous perdez 1 point d'ENDURANCE, car vous êtes brûlé par les flammes qui enveloppent son corps. Vous pouvez essayer de Fuir par la porte du mur nord. Rendez-vous dans ce cas au **77**. Si vous décidez de mener le combat à son terme, et si vous êtes vainqueur, rendez-vous au **256**.

57

Il y a sûrement quelque chose qui inquiète le petit singe pour qu'il s'excite de la sorte. Revenant sur vos pas, vous soulevez la pierre sur laquelle il était accroupi, et vous la lancez dans la direction que vous comptiez prendre. Elle touche le sol en produisant comme un bruit de succion, et vous la voyez disparaître presque aussitôt. Si vous n'aviez pas prêté attention à l'avertissement du singe, vous vous seriez précipité tête baissée dans les sables mouvants ! Vous continuez votre chemin, accompagné de votre petit compagnon sautillant qui vous indique le sentier qu'il faut suivre pour éviter les sables mortels. En souriant, vous donnez à votre guide le nom de Ouisti, et vous vous enfoncez avec lui dans la jungle. Au bout d'un moment, vous débouchez sur ce qui ressemble à un vrai sentier, percé à travers les fourrés, sans doute l'œuvre des farouches indigènes de la région. Même si vous espérez ne pas les rencontrer, votre main ne s'éloigne plus beaucoup de la garde de votre épée. Le sentier vous mène bientôt devant un bloc de pierre rongé de lichens, et sculpté en forme d'une silhouette accroupie dont les traits sont à la fois féroces et inhumains. Cette statue érodée par le temps n'est certainement pas l'œuvre des habitants de la forêt. Elle se dresse sans aucun doute à cet endroit depuis des millénaires, et fait partie des ruines de l'Ancien Empire de la Théocratie Katak. Vos connaissances en archéologie sont assez limitées, mais si vous ne vous trompez pas en déchiffrant quelques-uns des hiéroglyphes et des motifs baroques et torturés gravés dans son socle, la statue doit être le monument funéraire qui marque la sépulture d'un noble d'Ankou. Il n'est pas impossible que le trésor enterré avec lui soit toujours là, intact. Allez-vous essayer de déplacer la statue pour ouvrir le tombeau (rendez-vous au **140**) ou préférez-vous continuer vers le temple perdu (rendez-vous au **31**) ?

58

Le sceptre est lourd et mal équilibré. Vous le brandissez tant bien que mal comme une masse d'armes, pour vous défendre contre les Horricrânes qui se rapprochent, prêts à vous envelopper dans les flammes. Lancez deux dés. Si vous obtenez :

de 2 à 3 : vous êtes grièvement blessé et vous perdez 6 points d'ENDURANCE ;

de 4 à 6 : vous êtes sérieusement blessé et vous perdez 4 points d'ENDURANCE ;
de 7 à 9 : vous êtes blessé et vous perdez 2 points d'ENDURANCE ;
de 10 à 12 : vous fracassez le crâne d'un Horricrâne.

Il est inutile de prendre en compte l'ENDURANCE des Horricrânes, puisque un seul coup de masse suffit pour en détruire un. Quand vous aurez détruit six de ces créatures, si vous y arrivez, rendez-vous au **206**.

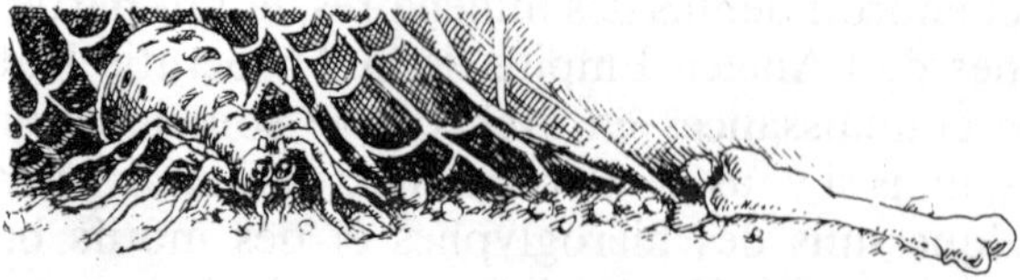

59

Les Momies sont presque sur vous lorsque vous saisissez le Tambour dont le bois est sculpté de guerriers de l'Empire d'Ankou. En désespoir de cause, vous commencez à le frapper du plat de la main. Immédiatement, les Momies s'arrêtent et entament une lente et macabre danse guerrière. Vous vous dirigez rapidement vers le mur sud, puis vous vous engagez dans le passage, les sombres danseurs à votre suite. Vous n'osez pas interrompre vos battements qui semblent les contraindre à cette danse silencieuse, et vous continuez donc à marcher en tête de ce surprenant cortège, jusqu'à ce que vous arriviez devant une grande porte noire. Sans cesser de battre le Tambour, vous en soulevez le loquet avec votre coude, et vous ouvrez la porte d'un coup de pied. Rendez-vous au **218**.

60

Une fumée bleue s'élève en volutes du corps étendu à vos pieds. Vous comprenez que le cadavre du Phénix se consume, prêt à s'enflammer. Si vous avez une Urne remplie de cendres, vous pouvez l'utiliser pour étouffer le feu qui couve et empêcher ainsi que le cadavre ne s'embrase. Si vous souhaitez agir de la sorte, rendez-vous au **161**. Si vous n'avez pas l'Urne, ou si vous préférez ne pas l'utiliser pour le moment, rendez-vous au **73**.

61

En fouillant l'un des guerriers, vous trouvez une petite bouteille en argile, attachée à son poignet par une lanière. Elle contient un liquide brunâtre à l'odeur âcre dans lequel vous reconnaissez un antidote contre les morsures de serpents. Vous la rangez dans votre Sac, et vous repartez à la recherche du temple. Rendez-vous au **80**.

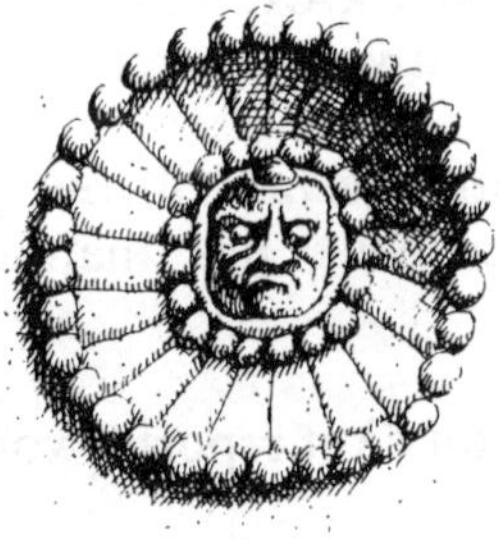

62

La pierre est lisse, grosse comme un œuf, et elle brille dans votre main comme une goutte de sang. Vous n'avez pas le temps d'en estimer la valeur pour l'instant, mais elle est d'un poids tout à fait intéressant !

Vous la glissez dans votre Sac et vous vous dirigez vers le passage qui s'ouvre dans le mur ouest. Mais à peine avez-vous parcouru quelques pas, que d'éclatantes lueurs embrasent chacun des alvéoles. Ouisti se recroqueville contre le mur. Vous levez la tête et vos yeux s'écarquillent d'horreur : les crânes, chacun auréolé d'une flamme dorée, s'envolent, frémissent dans l'espace, et fondent sur vous. Possédez-vous un pendentif serti de pierres précieuses ? Si oui, rendez-vous au **192**. Sinon, rendez-vous au **19**.

63

Un rire sardonique éclate sous le capuchon noir du Gardien de Cauchemar, tandis que son garrot s'entortille autour de votre cou. Lancez un dé. Si vous obtenez :

1 : il vous brise la nuque et vous mourez instantanément.
de 2 à 5 : vous arrivez à vous dégager, mais vous perdez 2 points d'ENDURANCE ;
6 : vous parvenez à vous libérer.

Si vous êtes toujours vivant, il vous faut continuer le combat. Lancez deux dés maintenant. Si vous obtenez :

de 2 à 5 : lancez un dé et reportez vous au tableau ci-dessus ;
de 6 à 12 : le Gardien de Cauchemar perd 3 points d'ENDURANCE.

Vous avez la possibilité de Fuir. Dans ce cas, rendez-vous au **75**. Si vous décidez de mener le combat à son terme, et si vous êtes vainqueur, rendez-vous au **166**.

62 *Les crânes quittent leurs alvéoles et s'envolent, chacun auréolé d'une flamme dorée.*

64

Le pouvoir de l'Anneau vous rend immatériel pendant quelques secondes, le temps de vous permettre de traverser les blocs de rocher. Et au fur et à mesure que vous vous rematérialisez, l'Anneau se désagrège. Vous examinez l'endroit où vous vous trouvez, à la lumière de votre épée. Le couloir se poursuit droit devant vous ; et, dans la poussière, vous remarquez les traces des pas de trois personnes, certainement celles de Domontor et de ses deux porte-flambeaux, car les Gardiens de Cauchemar qui pourraient l'accompagner ne laissent aucun signe sur leur passage. Vous suivez le couloir, qui oblique bientôt vers l'ouest. Un peu plus loin, vous arrivez devant une porte située dans le mur de gauche. Si vous souhaitez ouvrir cette porte, rendez-vous au **167**. Si vous préférez continuer tout droit, rendez-vous au **269**.

65

Un hurlement aussi plaintif que le vent des steppes s'élève, tandis que l'un des Gardiens de Cauchemar tombe en poussière dans sa sombre tunique. Son compagnon se jette de nouveau sur vous, et le couloir retentit du choc de vos armes. Lancez deux dés. Si vous obtenez.

de 2 à 5 : vous êtes blessé et vous perdez 3 points d'ENDURANCE ;
de 6 à 12 : le Gardien de Cauchemar perd 3 points d'ENDURANCE.

Si vous êtes vainqueur, vous franchissez la porte, et vous vous dirigez vers le nord. Rendez-vous au **108**.

66

Vous courez comme un fou dans le passage qui n'offre aucune porte, aucun renfoncement, aucun abri possible, et qui s'étire, de plus, interminablement. Tandis que vous courez, la créature vous vise soigneusement. Vous attendez la décharge qui vous déchirera les chairs, vous fracassera les os. Un faisceau d'énergie fulgurante fuse bientôt dans l'air et vous transperce le dos. En moins d'une seconde, vous êtes mort.

67

Vous déposez, avec précaution, l'objet que vous avez décidé d'abandonner dans les paumes ouvertes de la statue, et vous saisissez le Tambour d'ébène. N'oubliez pas de modifier en conséquence votre Feuille d'Aventure. En examinant le Tambour, vous remarquez qu'il est entièrement sculpté de guerriers de l'Empire d'Ankou, représentés dans des attitudes de danse rituelle. Vous rangez le Tambour dans votre Sac, et vous regagnez le vestibule, d'où vous partez en direction de l'ouest. Rendez-vous au **119**.

68

La tête vous tourne, et vous vous affalez sur le sol. Par bonheur, vous perdez connaissance. Ainsi, vous n'entendez ni le grésillement de vos chairs lorsque les gantelets chauffés au rouge de l'Esprit de Feu se referment sur vos membres, ni le fracas de vos os qui se disloquent lorsque vous vous écrasez contre le mur sur lequel il vous a catapulté. Est-il utile de vous dire que votre aventure se termine ici ?

69

A peu de distance de là, vous arrivez à un carrefour. Vous décidez, cependant, de continuer tout droit. Rendez-vous au **190**.

70

Vous jaillissez de votre abri, et vous bondissez sur les sentinelles. Votre subite apparition les terrorise, et l'effet de surprise vous permet d'ajouter 2 points à votre premier lancer de dés dans le combat qui va maintenant s'engager. Rendez-vous au **241**.

71

Le Serpent frémit et déploie son plumage en poussant d'effroyables cris de douleur. Une poussière vermeille et scintillante s'écoule des multiples plaies que votre épée a ouvertes dans son corps de pierre. Bientôt, il s'écroule à vos pieds, et son poids fait vibrer le sol. Par curiosité, vous recueillez une poignée de la poussière perdue par l'étrange créature. C'est de la poudre de rubis, douée, peut-être, de propriétés magiques. Si vous le désirez, vous pouvez emporter un peu de cette poudre, avant de vous rendre au **294**.

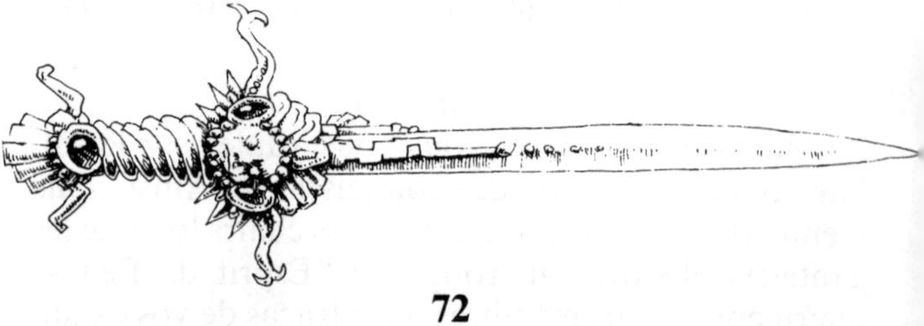

72

Un passage, partant de l'extrémité de la galerie, monte en pente douce, et vous amène à un petit vestibule dont les murs est et ouest sont bordés d'arcades triangulaires. Du côté ouest, vous remarquez le haut d'un escalier, et vous vous dirigez dans cette direction. Rendez-vous au **207**.

73

La sueur perle à votre front, sous l'effet de la brusque chaleur provoquée par les flammes qui jaillissent maintenant du corps du Phénix. Il se consume rapidement et, bientôt, il n'en subsiste que des cendres rougeoyantes. Alors que vous vous apprêtez à quitter la salle, vous remarquez avec stupéfaction que l'amas de cendres semble agité d'un léger mouvement qui, à votre grande terreur, s'amplifie au point de devenir un tourbillon d'un blanc éclatant qui s'élève vers le plafond. Une forme apparaît alors : celle du Phénix qui vous domine de toute sa hauteur, et dont les yeux pleins de fureur vous fixent méchamment. Ainsi la légende était vraie : l'oiseau fabuleux est ressuscité de ses cendres ! Mais le temps n'est pas à l'étonnement ; il vous faut Fuir, et vite. Allez-vous vous précipiter vers l'autre escalier (rendez-vous au **4**) ou vers le tunnel qui s'ouvre sous le balcon (rendez-vous au **220**) ?

74

Quelques centaines de mètres plus loin, le sentier se sépare en deux. Si vous voulez aller à droite, rendez-vous au **95**. Si vous préférez aller à gauche, rendez-vous au **253**.

75

Vous avez commis une erreur fatale en tournant le dos à un maître dans l'art de l'assassinat. Le garrot de soie glisse autour de votre cou et se tend brutalement. Puis, d'une seule torsion parfaitement exécutée,le Gardien de Cauchemar interrompt brutalement le cours de votre vie.

76

Vous posez votre épée à portée de la main et vous agrippez les barreaux de la grille. Ouisti vous observe, l'air intrigué, tandis que vous vous arc-boutez pour la pousser de toutes vos forces, vous meurtrissant l'épaule contre le bronze oxydé et le mortier abîmé et rugueux. Tout à coup, la grille cède et s'écroule dans la poussière, en un grand fracas qui résonne longtemps dans l'inquiétant silence des couloirs. Vous vous engagez alors dans un tunnel qui débouche vite dans une étroite salle à colonnades. Dans le mur qui vous fait face, un autre tunnel s'ouvre vers le nord. A la lueur de deux foyers crépitants, (le feu brûle-t-il depuis les Temps Anciens ? Les sortilèges des Prêtres d'Ankou étaient-ils aussi puissants ?), vous distinguez une cape faite de plumes aux couleurs éclatantes, pendue au mur situé à votre gauche. Allez-vous :

Examiner la cape
de plus près ? Rendez-vous au **39**

Revenir sur vos pas ? Rendez-vous au **213**

Vous engager dans le tunnel ? Rendez-vous au **97**

77

Vous avez presque atteint la porte, lorsque le terrible fouet du Démon se détend violemment. Lancez un dé. Si vous faites de 1 à 4, le fouet s'enroule autour de vous. Rendez-vous au **107**. Si vous obtenez 5 ou 6, le fouet claque dans le vide. Rendez-vous au **235**.

76 *Vous distinguez une cape faite de plumes aux couleurs éclatantes.*

78

Vous fouillez le contenu de votre Sac, mais vous n'y trouvez rien de bien utile. Encore une fois, votre regard s'attarde sur la pyramide d'argent. Elle cache en elle, ou sous elle, vous en avez la certitude, la statue d'or pour laquelle vous avez accompli un si long voyage. Mais vous imaginez également Domontor à ses côtés, les yeux brillant d'avidité, et ses doigts griffus caressant le lourd métal sculpté. Vous gémissez de désespoir, et des sanglots vous serrent la gorge. Impuissant, vous vous affalez sur la jetée, et vous contemplez d'un air morne les ondulations qui parcourent la surface cuivrée du lac. Vous étiez si près du but, et vous en êtes maintenant si loin...

79

Les Seigneurs Prêtres d'Ankou n'auraient jamais laissé un si formidable monstre dans cette salle, si ce n'était pour veiller sur quelque chose d'une valeur considérable. Et, en effet, en examinant attentivement l'autel, vous découvrez une profonde niche au fond de laquelle repose un calice en or magnifiquement décoré. Vous l'examinez dans la lumière bleuâtre de votre épée, et vous êtes rempli d'admiration devant la délicatesse et la complexité du travail d'orfèvrerie. Si vous souhaitez verser de l'eau dans le calice, puis la boire, rendez-vous au **109**. Sinon, rangez cet objet dans votre Sac, et sortez de la salle en direction de l'ouest (rendez-vous au **87**).

80

Au milieu des arbres vous découvrez les traces à peine visibles d'un sentier rectiligne. Vous vous y engagez et vous remarquez bientôt que vous foulez des dalles de pierre recouvertes d'une couche de

80 *Dans une vaste clairière dégagée, une multitude de terrasses de basalte gris s'étagent vers le ciel.*

mousse verdâtre et spongieuse. Il ne s'agit plus d'une piste grossière comme en tracent les indigènes. Ouisti à vos côtés, vous marchez d'un bon pas pendant environ une heure, couvrant une distance respectable, grâce au chemin de construction immémoriale que vous avez découvert. C'est le milieu de l'après-midi, et votre visage ruisselle de sueur. Un épais rideau de luxuriantes frondaisons vous barre la route et, en l'écartant, vous découvrez un spectacle à vous couper le souffle. Dans une vaste clairière entièrement dégagée de toute végétation, une multitude de terrasses de basalte gris s'étagent vers le ciel. C'est la merveilleuse pyramide, le Temple de Katak, perdu pour la civilisation depuis plus de vingt siècles ! Des milliers de lianes desséchées étouffent les blocs de pierre érodée et les marches du gigantesque escalier qui monte à l'assaut de la face est. Dans les ruines de l'édifice qui coiffe le sommet, vous trouverez sans aucun doute l'entrée des catacombes. Vous traversez rapidement la large clairière, en direction de la base de la pyramide. Au moment où vous alliez commencer l'ascension des marches poussiéreuses, des bruits de voix vous arrêtent net. A votre grande stupéfaction, vous apercevez deux hommes d'armes qui contournent tranquillement un des angles de la pyramide. Il sont à environ une soixantaine de mètres de vous. Allez-vous leur faire signe (rendez-vous au **125**) ou préférez-vous vous cacher avant qu'ils ne remarquent votre présence (rendez-vous au **164**) ?

81

Vous avez de la chance. Complètement aveuglé, vous plongez cependant tout droit dans le bassin dont l'eau fraîche éteind les flammes. Lancez deux dés : Le résultat obtenu correspond au nombre de points d'ENDURANCE que les brûlures vous font perdre. Si vous êtes toujours vivant, vous sortez du bassin en poussant un soupir de soulagement. Vous n'êtes plus très enthousiaste pour vous approcher une fois encore de la statue, et vous vous engagez dans le couloir en direction de l'ouest. Rendez-vous au **119**.

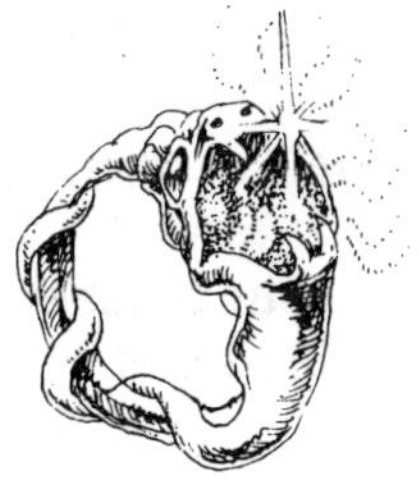

82

Vous enlevez avec plaisir vos vieilles bottes de cuir passablement fatiguées, et vous bouclez les sandales d'or. Ce sont en réalité les légendaires Sandales de Talmiri, le Gladiateur des Dieux, un héros des Temps Anciens. Grâce à elles, votre total d'HABILETÉ est maintenant égal à 10, et ce sera désormais votre total de départ d'HABILETÉ. N'oubliez pas de modifier en conséquence votre Feuille d'Aventure. Transporté de joie après le coup de chance qui vous a permis de découvrir ce fabuleux trophée au pouvoir magique si puissant, vous revenez vers le vestibule, et vous reprenez le couloir qui se dirige vers l'ouest. Rendez-vous au **119**.

83

Le Sorcier lance une poudre noire qui soulève une explosion dès qu'elle touche le sol. Vous vous protégez les yeux et, quand vous les rouvrez, le Sorcier s'est transformé en un monstre terrifiant. Sa peau est maintenant faite d'un cuir épineux, et il possède des ailes armées de pointes de silex acérées, tranchantes comme des lames de rasoir, et qui vrombissent comme celles d'un frelon. Vous arrachez votre épée des mains de l'homme qui la tient, et qui est, lui aussi, fasciné par les prodiges de son Sorcier. Vous la brandissez juste à temps pour parer la première attaque de ce hideux adversaire.

SORCIER FRELON ENDURANCE : 12

Lancez deux dés. Si vous obtenez :
de 2 à 5 : vous êtes blessé, et vous perdez 4 points d'ENDURANCE ;
de 6 à 12 : le Sorcier perd 3 points d'ENDURANCE.

Si vous voulez prendre la Fuite, rendez-vous au **189**. Si vous préférez mener le combat à son terme, et si vous êtes vainqueur, rendez-vous au **201**.

84

Votre peau se rétracte au contact du sinistre Revenôme mais, par défi, vous ne quittez pas des yeux la boursouflure moisie qui lui tient lieu de visage, et vous parvenez finalement à repousser son sortilège maléfique. Sans lui laisser le temps de recommencer, vous l'empoignez et, pivotant sur vous-même, vous fracassez sa maigre carcasse contre un pilier de pierre. Aussitôt, son corps se désagrège en un peu de poussière qui s'éparpille dans la salle. Chassant de votre esprit ce macabre spectacle, vous poursuivez votre chemin vers l'ouest, en compagnie de Ouisti. Rendez-vous au **217**.

85

Lancez trois dés. Si le résultat obtenu est inférieur ou égal à votre total de PSI, rendez-vous au **186**. Sinon, rendez-vous au **247**.

86

En vous approchant des momies profanées, vous constatez que les masques d'or ont été arrachés du visage de la plupart d'entre elles. Quelques mèches de cheveux s'accrochent encore à leur peau desséchée. Leurs yeux sont des fentes étroites, et leurs mâchoires noircies se crispent en un rictus sinistre. Vous vous arrêtez devant l'une des momies, vous fixez son visage défiguré par le temps, et vous en éprouvez une trouble mais excitante sensation de crainte et de fascination. Allez-vous :

Examiner les momies de plus près ?	Rendez-vous au **104**
Continuer jusqu'au bout de la salle ?	Rendez-vous au **288**
Arracher le masque d'or d'une des momies ?	Rendez-vous au **232**

87

Vous suivez un couloir pendant quelque temps, sans rencontrer la moindre porte ni croiser le moindre tunnel, et vous finissez par en atteindre, enfin, l'extrémité. Au moment où vous vous apprêtez à pénétrer dans la salle dans laquelle il débouche, vous prenez conscience de l'odeur légèrement âcre que vous respirez depuis un moment. En jetant un coup d'œil derrière vous pour voir si Ouisti vous a bien suivi, vous êtes étonné et inquiet de voir sa fourrure toute hérissée. Vous approchez donc prudemment de l'entrée de la salle et, soudain, votre peau, elle aussi, se hérisse, alors que vous êtes parcouru de terribles démangeaisons. Si vous souhaitez entrer dans cette salle, rendez-vous au **92**. Si vous préférez faire demi-tour, rendez-vous au **250**.

88

Au moment où vous allez saisir le crâne, il s'embrase et s'envole, sinistre vision d'une créature auréolée d'un halo de flammes blêmes. Si vous portez un pendentif incrusté de pierres précieuses, rendez-vous au **234**. Si vous ne disposez pas de cet objet, rendez-vous au, **118**.

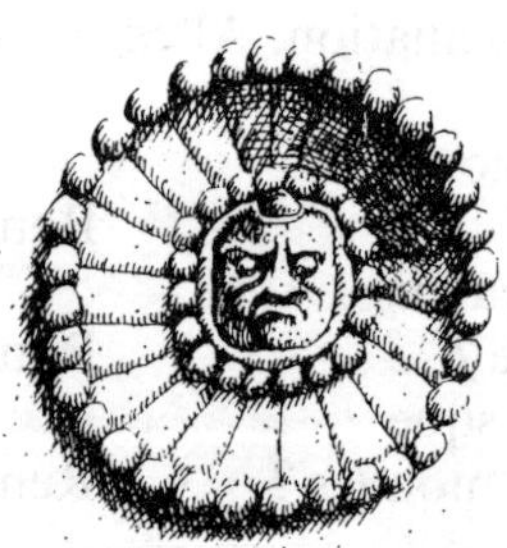

89

Le couloir est bientôt rejoint par un barrage venant du sud. En éclairant le sol du faisceau bleu de votre épée, vous remarquez les traces de pas de trois personnes. Elles viennent du couloir sud et se poursuivent vers l'ouest. Vous décidez de les suivre. Rendez-vous au **12**.

90

La poudre est enveloppée dans plusieurs feuilles larges et plates. Vous en versez un peu dans la paume de votre main, et vous l'examinez, quelque peu perplexe. Vous avez déjà vu des sorciers et des magiciens se servir de poudres magiques de métamorphose, et vous en concluez que c'est ce que vous avez en main. Vous vous concentrez sur une vision de vous-même : vous êtes un aigle qui survole le lac, et vous jetez la poudre au sol. Ce sera votre dernière initiative. Au lieu de s'élever en un nuage magique et de vous métamorphoser, la poudre explose au contact du sol. La violente déflagration vous déchiquette et vous projette en bouillie sanglante contre les murs et sur la surface du lac. Jamais vous n'auriez dû tenter des expériences avec le sac à maléfices d'un sorcier !

91

Vous arrivez vite au bout du tunnel. Devant vous, il n'y a rien d'autre qu'un mur de pierre nu. Vous êtes prêt à rebrousser chemin pour explorer une autre route lorsque, pris d'une inspiration, vous tapotez le mur avec le manche de votre épée. Le son qu'il rend est creux ! Vous êtes donc devant un passage secret, et vous n'avez qu'à donner une légère poussée sur l'un des côtés du mur pour le faire pivoter sans diffi-

91 *Le mur pivote sans difficulté et révèle une petite chambre dans laquelle gît un squelette poussiéreux.*

culté. Derrière le mur se trouve une petite chambre dans laquelle gît un squelette poussiéreux, non loin d'une cassette pleine à ras bord de pierreries multicolores. Si vous souhaitez pénétrer dans cette chambre, rendez-vous au **153**. Si vous préférez revenir dans la salle du Phénix pour emprunter l'autre escalier, rendez-vous au **16**.

92

Au moment où vous franchissez le seuil, un claquement sec, semblable au bruit d'un mât qui se brise, retentit, et un éclair aveuglant jaillit du mur et vous enveloppe dans une gerbe d'étincelles. L'espace d'un instant, vos muscles deviennent aussi durs qu'un bloc de pierre, alors que votre corps est traversé par une effroyable douleur. Puis l'éclat de lumière disparaît aussi soudainement qu'il était apparu, et vos muscles se détendent. Mais la faiblesse que vous ressentez est telle, que vous vous écroulez à terre. Vous perdez 5 points d'ENDURANCE, et si vous êtes toujours vivant, vous restez étendu dans la poussière en attendant que les forces vous reviennent. Ouisti est à vos côtés, et il vous tapote le bras, d'un air triste : vous êtes heureux qu'il se soit trouvé derrière vous car, si l'éclair avait traversé sa petite carcasse, nul doute qu'il serait mort à l'heure actuelle. Au bout de quelques temps, vous parvenez à vous relever, et à vous tenir debout sur vos jambes chancelantes (ce qui vous fait perdre 1 point d'HABILETÉ), puis vous jetez un regard autour de vous. Vous vous trouvez dans une salle aux vastes dimensions, faiblement éclairée, qui était peut-être un endroit de prières pour les fidèles de Katak. Le sol est recouvert par des siècles de poussière. Dans le mur ouest, vous remarquez deux lourdes portes de bronze. Comme il semble qu'il s'agisse là des seules issues de cette salle, vous vous dirigez vers elles. Allez-vous essayer d'ouvrir la porte de gauche (rendez-vous au **150**) ou celle de droite (rendez-vous au **134**) ?

93

De nombreux corridors aboutissent dans ce hall qui communique également avec de nombreuses pièces, mais vous estimez qu'il serait vain de vouloir tout explorer. Vous continuez donc votre chemin, et vous passez sous la grande voûte ouest qui donne sur un couloir que vous suivez jusqu'à ce qu'il oblique vers le sud. Juste en face de vous se trouve une ouverture dans le mur, qui donne sur le haut d'un escalier. Vous pouvez en descendre les marches (rendez-vous au **263**) ou bien continuer à marcher dans le couloir (rendez-vous au **194**).

94

Poussé par la peur, vous effectuez un bond d'une agilité extraordinaire, et vous atterrissez sur une étroite plate-forme. Des flammes blanches jaillissent des naseaux du Dragon et viennent lécher le rocher que vous venez de quitter. Vous le voyez souffler une gerbe d'eau bouillante à la surface du lac. Le Dragon ne tardera pas à prendre une nouvelle inspiration, et vous n'avez que très peu de temps pour décider de ce que vous allez faire. Le chemin menant aux arcades est coupé. Allez-vous affronter le monstre avec votre épée (rendez-vous au **182**) ou préférez-vous voir si vous ne possédez pas un objet qui pourrai vous êtres utile (rendez-vous au **148**) ?

95

Vous avancez à grands pas dans la jungle, et vous ne remarquez pas le collet tendu en travers du chemin. Brusquement, il vous enserre la cheville, et l'arbre auquel il est fixé se redresse d'un seul coup. Vous êtes brutalement arraché du sol et vous vous retrouvez suspendu par un pied, totalement impuissant. Vous entendez alors le bruit d'un ressort qui se détend, et un lourd javelot à barbillons fend l'air torride, droit dans votre direction. Pour l'esquiver, il vous faut lancer les dés et obtenir un résultat inférieur ou égal à votre total d'HABILETÉ. Si vous réussissez, rendez-vous au **137**. Sinon, rendez-vous au **196**.

96

Vous entrez dans une grande pièce, d'où part un unique passage, en direction de l'ouest. En traversant la pièce, pour vous y rendre, vous remarquez un énorme bloc de granit adossé au mur du fond. C'est peut-être un antique autel élevé à la gloire de Katak, sur lequel les prêtres du dieu féroce sacrifiaient les hérétiques et les prisonniers de guerre. Vous vous apprêtez à aller examiner cet autel dans l'espoir d'y dénicher quelque trésor, lorsqu'une étrange créature surgit de l'ombre, en sautillant, et vous fait face. C'est un bipède à la peau sombre et épineuse qui n'a que des moignons pour membres antérieurs, mais sa caractéristique la plus étonnante est ce qui lui tient lieu de tête : un énorme œil glauque, perché au bout d'un long cou maigre. Alors que vous hésitez sur l'attitude à adopter, quelque peu abasourdi par son aspect inattendu, l'œil de la créature projette un fulgurant faisceau de lumière aussi rouge qu'un rubis. Vous ébauchez un mouvement de fuite, mais trop tardif. La décharge vous transperce de part en part, vaporise votre sang, et réduit vos os à l'état de bouillie blanchâtre et fumante. Vous mourez sans même pousser un cri.

97

C'est un court tunnel, semblable à celui que vous venez d'emprunter, et qui aboutit lui aussi sur une grille en bronze. A travers les barreaux, vous distinguez un couloir perpendiculaire dont les deux extrémités s'enfoncent dans l'obscurité. Vous pouvez forcer la grille pour pénétrer dans ce couloir. Comme précédemment, cela vous coûterait 1 point d'ENDURANCE. Si vous désirez agir ainsi, rendez-vous au **266**. Sinon, vous revenez dans la salle où vous pouvez soit examiner la cape de plumes (rendez-vous au **39**) soit revenir à l'autre passage et poursuivre votre chemin (rendez-vous au **213**).

98

Les Momies deviennent, à chaque instant, plus fortes et plus rapides, tandis que vous-même commencez a ressentir la fatigue. Vous combattez d'instinct, vos réflexes vous sauvant pour l'instant, mais vous commencez à envisager une retraite rapide. Lancez deux dés. Si vous obtenez :
2 ou 3 : vous perdez 6 points d'ENDURANCE ;
de 4 à 6 : vous perdez 3 points d'ENDURANCE ;
de 7 à 12 : l'une des Momies perd 3 points d'ENDURANCE.

Si vous décidez de Fuir, rendez-vous au **15** (mais n'oubliez pas que les deux Momies tenteront de vous portez un dernier coup). Si vous décidez de continuer le combat, et si vous parvenez à vaincre une autre Momie, rendez-vous au **238**.

99

Il devient difficile de respirer. Vous avez la sensation que vos muscles se sont liquéfiés, et vous vous écroulez sur le tas d'ossements. Vous n'avez même plus la force de crier. Vos os augmenteront bientôt l'amoncellement de ceux sur lesquels vous êtes affalé. Même au-delà de la mort, le Scorpion a exigé une dernière victime.

100

L'escalier en spirale descend profondément à l'intérieur de la pyramide, et, certainement même, loin sous elle. Les événements des quelques heures qui viennent de s'écouler vous reviennent en mémoire : vous avez échappé à de redoutables dangers, vous avez terrassé des créatures et des monstres parmi les plus hallucinants que vous ayez jamais rencontrés dans votre vie d'aventurier. Vous avez trouvé le plus merveilleux des compagnons, puis vous l'avez perdu... Les méfaits de Domontor ne doivent pas rester impunis. Vous regardez tout autour de vous, et vous remarquez que, curieusement, il n'y a pas la moindre trace de poussière dans laquelle vous pourriez voir la preuve de la présence de Domontor. Mais a-t-il seulement réussi à arriver jusqu'ici ? C'est une question à laquelle il vous est impossible de répondre. Pourtant, vous sentez confusément qu'il est quelque part, devant vous. Mais ses maléfices, sa ruse, sa perfidie qui lui auraient alors permis d'atteindre le Temple ne lui seront d'aucun secours pour éviter le sort que vous lui réservez. C'en est maintenant assez de rêvasser. Il faut agir. Face à vous, dans le mur nord de la salle dans laquelle l'escalier vous a mené, un portique en marbre encadre une voûte d'où jaillit de la lumière. Sans hésiter, vous vous dirigez dans cette direction. Rendez-vous au **130**.

101

La potion vous procure une sensation de fraîcheur dans la gorge. En quelques instants, un flux d'énergie se répand dans tout votre corps, et vous fait gagner 20 points d'ENDURANCE, à condition que le nouveau total obtenu n'excède pas votre total de départ. Vous jetez la fiole maintenant vide, et vous retournez au paragraphe d'où vous venez.

102

Un bruit se fait entendre dans les ruines de l'édifice qui coiffe le sommet de la pyramide. Sans perdre une seconde, vous bondissez par-dessus une colonne écroulée, et vous atterrissez comme un chat au milieu des décombres. En un coup d'œil, vous vous rendez compte de la situation : une sentinelle, affichant un air de profond ennui, est adossée à un mur, une lance au creux du bras et les mains croisées sur le ventre, alors que son compagnon est affalé à l'ombre d'un portique, ronflant sous son chapeau à large bord, tandis que des mouches se promènent sur son visage ruisselant de sueur. Vous ne prenez même pas la peine de dégainer votre épée. En deux enjambées, vous êtes face au premier qui vous aperçoit enfin. Sa mâchoire s'ouvre d'ébahissement, et il se plie en deux quand votre poing lui heurte la poitrine. Un deuxième coup suffit à l'achever définitivement, et

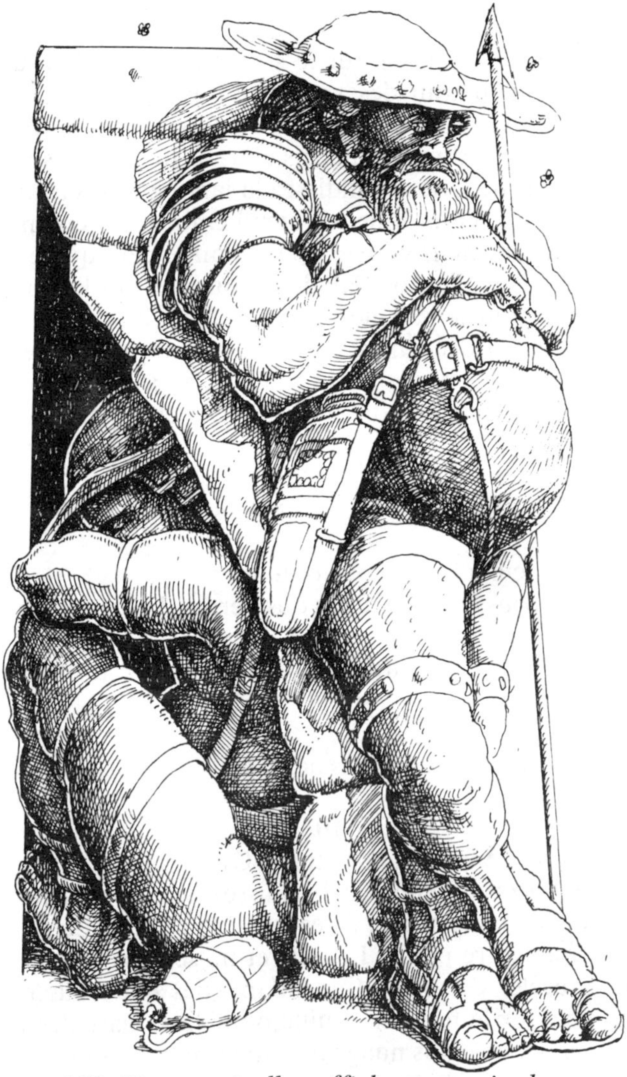

102 *Une sentinelle, affichant un air de profond ennui, est adossée à un mur, les mains croisées sur le ventre.*

son corps s'effondre sur le sol couvert de gravats, comme un pantin désarticulé. Vous empoignez sa lance et vous vous tournez vers le dormeur. Un ronflement au rythme régulier s'élève toujours de sous son chapeau. Vous brandissez la lance et vous avancez vers lui. Vous aimeriez bien l'embrocher comme un mouton, mais ce n'est pas comme cela qu'agissent les Chevaliers de Palados. Vous êtes sur le point de crier pour le réveiller, quand Ouisti lui saute sur le nez et lui décoche un coup de poing dans l'œil. L'homme se réveille en hurlant et, à peine vous a-t-il aperçu qu'il bondit sur ses pieds et dégaine son épée.

SENTINELLE ENDURANCE : 9

Lancez deux dés. Si vous obtenez :
2 ou 3 : vous êtes blessé et vous perdez 3 points d'ENDURANCE ;
de 4 à 12 : la Sentinelle perd 3 points d'ENDURANCE.

Si vous êtes vainqueur, rendez-vous au **216**.

103

Vous posez votre Sac par terre. Ouisti s'installe solidement dessus, et vous bondissez sur le socle. A votre vif soulagement, il reste stable et ne se dérobe pas sous votre poids. Le coffret ne semble pas non plus receler de piège. Cependant, dès que vous en manœuvrez le fermoir rouillé pour faire basculer le couvercle, un épais nuage de vapeur noire comme de l'encre se dégage et se répand en volutes autour de vous. Vous pouvez lâcher le coffret, et vous en éloigner rapidement. Dans ce cas, rendez-vous au **114**.

Si vous préférez retenir votre souffle et inspecter malgré tout le contenu du coffret, rendez-vous au **229**.

104

Vous vous approchez de l'une des momies dont vous découvrez le corps tout ratatiné. Elle est parée d'un grand nombre de bijoux et de pierres précieuses, et vous vous demandez pourquoi Domontor ne s'est contenté d'emporter que les masques d'or, en laissant derrière lui toutes ces richesses. Sans doute a-t-il craint que les momies ne soient protégées par un quelconque sortilège jeté du fond des âges. Lancez un dé. Si le résultat que vous obtenez est égal ou inférieur à votre total de PSI, rendez-vous au **33**. Sinon, rendez-vous au **38**.

105

Saisissant un tison dans le feu où les femmes du village font leur cuisine, vous vous en servez pour incendier les cases. Les roseaux desséchés s'embrasent en crépitant dans la canicule de l'après-midi. Vous arrachez sa baguette en os au Sorcier, afin de l'empêcher de vous nuire avec ses maléfices, et vous le repoussez loin de vous. Il hurle et trépigne de rage, alors que les villageois abandonnent leurs demeures aux flammes, et empoignent lances et sarbacanes. Ils semblent déterminés à se venger, même si cela doit leur en coûter leur village. Un dard empoisonné vous siffle aux oreilles ! Rendez-vous au **189**.

106

La poussière à vos pieds est vierge de toute trace si ce ne sont les vôtres et celles de Ouisti. Les Guerriers Fantômes ont disparu, comme s'ils n'avaient jamais existé, mais les blessures qu'ils vous ont infligées sont là pour vous rappeler qu'ils n'étaient pas une illusion ! Encore tremblant au souvenir de ce combat d'épouvante, vous repartez vers l'ouest. Rendez-vous au **293**.

107

Le fouet cingle le cuir de votre armure et vous brûle la chair comme des gouttes de plomb en fusion. Vous hurlez de douleur tandis que le Démon de Feu vous tire à lui. Vous perdez 5 points d'ENDURANCE et, si vous êtes toujours en vie, rendez-vous au **282**.

108

Vous arrivez bientôt au sommet d'un étroit escalier et vous vous y engagez. Rendez-vous au **207**.

109

Si vous avez reçu des blessures, rendez-vous au **225**. En revanche, si votre total d'ENDURANCE est à son niveau initial, rendez-vous au **177**.

110

Votre dernier coup réduit le répugnant Revenôme en miettes, et vous écrasez ses débris à coups de talons. Enfin, quand il ne reste de lui qu'un amas de poussière et d'éclats osseux, votre fureur destructrice s'apaise. Rendez-vous au **93**.

111

En arrivant au bas de l'escalier, vous apercevez l'ouverture d'un tunnel orienté vers l'est, dans le mur qui se trouve sous le balcon. Mais alors que vous pénétrez plus avant dans la salle, un terrible cri déchire le silence, et un Phénix majestueux déploie ses ailes

111 *Le plumage écarlate du Phénix scintille dans la phosphorescence, et sa gorge brille de reflets dorés.*

devant vous. Son plumage écarlate scintille dans la phosphorescence, et les plumes de ses ailes ainsi que le duvet de sa gorge brillent de reflets dorés . Son bec crochu luit comme un métal poli. Hébété, vous reprenez vos esprits, juste à temps pour esquiver son premier assaut, et vous dégainez votre épée.

PHENIX ENDURANCE : 12

Lancez deux dés. Si vous obtenez :
de 2 à 6 : vous êtes blessé, et vous perdez 3 points d'ENDURANCE ;
de 7 à 12 : le Phénix perd 3 points d'ENDURANCE.

Si vous fuyez par l'escalier de droite, rendez-vous au **4**. Si vous menez le combat à son terme, et si vous êtes vainqueur, rendez-vous au **21**.

112

Vous tombez dans le lac et, étourdi par le choc, vous coulez comme une pierre dans les eaux bouillonnantes. En quelques secondes, votre chair se couvre de cloques et blanchit, mais vous vous sentez presque spectateur de votre supplice. La vision d'un torrent de lave en ébullition vous envahit, et au milieu de la fournaise semble se dessiner le visage cruel de Domontor le Dément. Ainsi, vos dernières pensées vont-elles vers celui que vous avez tant haï pendant de si longues années. Vous ne réclamerez jamais votre dû, vous ne vengerez jamais la mort du malheureux Ouisti. Le rire triomphant de Domontor vient vous harceler dans vos derniers instants, et vous mourez, ébouillanté, dans les profondeurs du lac.

113

La seconde sentinelle, terrorisée, vous voit tailler son camarade en pièces. Lâchant son épée, elle part en courant vers la forêt. Ouisti lui donne la chasse, l'invectivant bruyamment dans son langage de singe, tout en lui lançant quelques coquilles de noix pour faire bonne mesure. Il se lasse vite de ce jeu et revient vers vous en sautillant fièrement. Vous observez la sentinelle s'enfoncer dans la jungle comme s'il était poursuivi par un essaim d'abeilles et disparaître, préférant sans doute affronter les indigènes et les bêtes féroces plutôt que se mesurer à vous en combat singulier. Sage décision. Vous rengainez votre épée, et vous vous penchez sur le corps de son infortuné campagnon. Vous y trouvez 8 Pièces d'Or et une gourde d'eau de vie. Prenez ce que vous voulez et commencez à gravir les marches de la pyramide en vous rendant au **200**.

114

Instinctivement, vous faites quelques pas en arrière pour échapper à la fumée qui vous enveloppe. Uniquement préoccupé d'empêcher les vapeurs de pénétrer dans vos poumons, vous oubliez complètement le puits, jusqu'au moment où vous basculez en arrière dans le vide. Vous essayez de vous retourner en pleine chute, mais votre tête heurte le rebord du puit et, à moitié assommé, vous vous écrasez lourdement au fond. Quand vous revenez à vous, vous êtes dans l'obscurité, et votre épée brille toujours, là-haut, sur le socle où repose le coffret. Dans la faible lumière bleue, vous apercevez Ouisti, penché sur la fosse, qui écarquille les yeux, l'air très inquiet. Vous faites une tentative pour vous redresser, mais un élancement de douleur vous traverse la jambe. Vous

vous êtes fait une méchante entorse, et il vous faut réduire votre total d'ENDURANCE de 2 points. Ce qui tombe plutôt mal, car vous avez besoin de toute votre agilité pour escalader les parois raboteuses et coupantes de cette fosse. Vous vous relevez péniblement, et vous entamez la difficile ascension. Lancez deux dés. Si vous obtenez un résultat inférieur ou égal à votre total d'HABILETÉ, rendez-vous au **197**. Sinon, rendez-vous au **138**.

115

Vous tombez en avant, vos membres rebondissent sur les marches de pierre, et votre nuque se brise net. Votre mort est instantanée. Destin somme toute bien plus enviable que celui que vous auriez subi entre les mains des abominables Spectres Fumants.

116

Un bref couloir débouche dans une grande salle cônique tapissée de marbre gris et blanc. Dans les murs s'aligne une longue série de niches profondes, abritant chacune une urne de bronze. Toutes sont bouchées. Cette salle n'offre aucune autre issue, et vous pouvez donc retourner à la Galerie des Prêtres-Rois pour choisir une autre route (rendez-vous au **288**) ou essayer d'ouvrir l'une des urnes (rendez-vous au **52**).

117

Dès les premières passes et les premiers assauts de ce combat inégal, vous apercevez du coin de l'œil une silhouette qui se déplace entre les arbres. C'est la jeune fille que vous avez libérée. Les indigènes la voient aussi, et cette vision ne semble leur procurer aucun plaisir : en effet, ils blêmissent. La jeune fille se fraye un chemin à travers les feuillages, en courant de plus en plus vite. Elle se penche en avant, puis se met à quatre pattes... elle accélère encore son allure, et les marbrures que les rayons du soleil dessinent sur son dos semblent s'imprimer sur sa peau olivâtre. Un profond rugissement, qu'aucune poitrine humaine ne pourrait produire, se fait alors entendre. Et tout à coup, un petit jaguar fauve, jaillit hors des broussailles et déboule sur le sentier, provoquant la fuite précipitée de vos adversaires pris de panique. Le jaguar vous fixe intensément, regarde Ouisti, fait demi-tour et s'en retourne lentement dans la jungle, dans un balancement souple de son échine. La jeune fille que vous aviez libérée était un Chat-Garou, un lycanthrope que les indigènes avaient entravé de chaînettes d'argent et mis en cage pour s'en protéger. Elle vous a sans doute sauvé la vie en signe de gratitude. Sur le point de repartir, vous remarquez une petite fiole d'argile dans l'herbe piétinée. L'un des guerriers a dû la perdre dans la panique. Elle contient un liquide brunâtre à l'odeur âcre, probablement un antidote contre les morsures de serpent. Vous la rangez dans votre Sac (inscrivez-la sur votre Feuille d'Aventure), et vous repartez à la recherche du temple. Rendez-vous au **80**.

118

Vous avez à peine le temps de lever votre épée, pour parer l'attaque de l'Horricrâne qui se précipite sur vous dans une gerbe de flammes d'or. Mais ses dents qui ne cessent de s'entrechoquer sont, elles, d'un noir funèbre.

HORRICRANE ENDURANCE : 6

Lancez deux dés. Si vous obtenez :
de 2 à 5 : vous êtes brûlé et vous perdez 2 points d'ENDURANCE ;
de 6 à 12 : l'Horricrâne perd 3 points d'ENDURANCE.

Si vous êtes vainqueur, rendez-vous au **155**. Mais vous pouvez prendre la Fuite en vous précipitant vers l'autre porte. Lancez alors les dés comme à l'habitude, puis rendez-vous au **150**.

119

Vous arrivez bientôt dans une salle à colonnades vaste et sonore. Avez-vous un pendentif incrusté de pierreries ? Si oui, rendez-vous au **251**. Si vous n'avez pas cet objet, rendez-vous au **93**.

120

Les sombres silhouettes encapuchonnées d'une bonne douzaine de Gardiens de Cauchemar surgissent du tunnel en une sinistre procession, au milieu de laquelle se tient le Sorcier Domontor. Le temps ne semble pas avoir eu prise sur lui depuis votre dernière rencontre. Vous reconnaissez le même teint jaunâtre, le même sourire rusé, les longs cheveux blancs éternellement plaqués en arrière dégageant le haut front, le même pentacle tatoué autour de l'œil gauche... et l'étincelle de démence diabolique dans le regard. Lentement, Domontor retire l'un de ses gantelets de velours, découvrant un joyau étincelant : la Bague de la Mort Rouge. « Je préférerais savourer cet instant, dit-il, mais je me sens quelque peu impatient d'emporter la Statue. Ta mort ne saurait représenter pour moi qu'un bref mais néanmoins agréable intermède. » L'air sombre, vous l'observez tandis

120 *Lentement, Domontor retire l'un de ses gantelets de velours, découvrant un joyau étincelant : la Bague de la Mort Rouge.*

qu'il dirige le chaton de sa bague vers vous. Les battements de votre cœur s'accélèrent, mais rien ne se produit. Il n'espère tout de même pas vous voir vous jeter à ses pieds ? Vous bandez vos muscles, vous concentrez votre énergie, prêt à esquiver la Décharge d'énergie qui jaillit brutalement. Mais ce n'est pas vous qui étiez visé. Ouisti est arraché de votre épaule et tombe à vos pieds, foudroyé ! Le Sorcier fou est secoué d'un ricanement inhumain tandis que le corps carbonisé du pauvre Ouisti rebondit sur la corniche et disparaît dans les nuages blancs. L'horreur de ce meurtre brutal et inutile ne vous paralyse pas longtemps. Après une fraction de seconde, vous bondissez sur le Sorcier, en brandissant votre épée étincelante, écumant de rage et assoiffé de sang. Domontor blêmit et recule ; son rire se fige sur son visage. Vous vous arrêtez près du rebord du puits, et les Gardiens de Cauchemar se mettent en garde pour défendre leur maître. Vous vous campez sur vos deux pieds, attendant leur assaut. Votre atout, c'est l'étroitesse de la passerelle : ils ne peuvent vous combattre qu'un par un. Domontor a d'autres intentions, cependant. Il se ressaisit, retrouve toute sa morgue, ordonne aux Gardiens de reculer et s'adresse à vous d'une voix tonnante : « Parmi les membres de ma suite, il y a quelqu'un que tu n'as pas encore vu. Il me semble que tu l'as connu jadis sous le nom d'Attila Fatum ». Deux esclaves craintifs s'avance alors sous l'arche, derrière Domontor. L'éclairage puissant des torches qu'ils portent illuminent une silhouette que vous n'aviez pas remarquée jusqu'alors. Elle mesure plus de deux mètres de haut, et tient un sabre énorme dans chacune de ses mains grises. Son armure est parsemée de taches de rouille et une cape en loques l'enveloppe comme un linceul. Raide comme une colonne de marbre, l'être s'avance vers la corniche. « Cela ne peut pas être Fatum ! criez-vous, sachant pertinemment que c'est bien lui. Toute une troupe de chevaliers l'a vu se précipiter du haut de la Tour des Victoires, quand son attaque contre le Roi fut repoussée ». « Mes serviteurs ont retrouvé son corps et j'ai utilisé la nécromancie pour le ranimer. Attila Fatum n'est plus qu'un Zombie, mais ses talents de guerrier sont intacts, comme tu vas vite t'en apercevoir. Fatum, tue-moi cet imbécile et monte la garde jusqu'à mon retour ! » Domontor et sa garde noire font mine de partir, mais il s'attarde un instant sous l'arcade, et murmure d'une voix doucereuse : « Adieu, Chevalier Dragon. Pardonne-moi de te le dire, mais je crois bien que ton Fatum t'a rattrapé... » Son éclat de rire tonitruant résonne dans l'obscurité dans laquelle il s'enfonce. Rendez-vous au **160**.

121

En hésitant, vous portez la petite fiole à vos lèvres. Le liquide vert pourrait être n'importe quoi : une potion magique comme vous l'espérez, ou un poison mortel capable de vous foudroyer en une seconde. Mais en dépit du danger, vous vous décidez. Il vous faut détruire Domontor à n'importe quel prix, et sans les sortilèges du Sorcier, vous ne traverserez jamais ce lac. Vous avalez le liquide, et vous hurlez de douleur, vos membres se tordant sous la souffrance. Vous ruisselez de sueur et, à travers le rideau rouge de l'agonie, vous voyez vos mains se crevasser. Vous entendez, interminablement, vos propres cris mais votre esprit reste étrangement clair et comme spectateur de la douleur. Vos mains, maintenant, se métamorphosent en serres ! Il vous semble que le paysage s'est subtilement modifié, mais c'est vous qui avez changé : vous êtes devenu un quetzal, un grand oiseau d'émeraude et d'or ! Vous déployez vos ailes et vous décollez de la jetée. Le bonheur de voler est incommensurable ; ivre de joie, vous traversez le lac au ras des flots et vous atteignez vite la pyramide. Dès que vous atterrissez sur la première marche, la métamorphose s'opère en sens inverse, sans douleur cette fois et, en quelques instants, vous reprenez votre aspect habituel. Rendez-vous au **270**.

122

Vous avancez dans un étroit passage, éclairé seulement par la lueur blême de votre épée. Alignés en ordre de bataille, les personnages d'un bas-relief forment une frise martiale sur les murs. Un peu plus loin, vous arrivez devant une grille en bronze qui barre une ouverture dans le mur de droite. Ouisti escalade prestement les barreaux, en glapissant d'excitation. Devant vous le passage disparaît dans l'obscurité. Si vous souhaitez continuer tout droit, rendez-vous au **213**. Si vous préférez tenter de forcer la grille, rendez-vous au **157**.

123

Vos forces vous abandonnent avant que vous n'ayez parcouru la moitié du chemin. Pris de vertiges, vous vous affalez sur le sol. Votre vue se brouille, tout s'estompe autour de vous, et votre dernière vision sera la rangée de visages sculptés le long du mur, dont les regards vides semblent contempler vos dernières convulsions de souffrance, dans la plus totale indifférence. Vous avez échoué dans votre aventure.

124

Vous projetez la lance de toutes vos forces, vers le Dragon. Comme un éclair, elle se plante profondément dans son œil gauche. Le hurlement de douleur de l'énorme reptile ébranle les parois du tunnel, tandis qu'il se débat convulsivement, en essayant d'agripper l'arme entre ses griffes recourbées. Quand il réussit enfin à l'extirper de son œil, un torrent de sang cuivré se répand sur ses écailles rouges. De nouveau, il rugit et vous fixe de l'œil qui lui reste. Vous levez promptement votre épée pour combattre le monstre blessé, qui surgit maintenant des remous, et se rue à l'attaque.

DRAGON ROUGE ENDURANCE : 18

Lancez deux dés. Si vous obtenez :
de 2 à 5 : vous êtes blessé et vous perdez 4 points d'ENDURANCE ;
de 6 à 12 : le Dragon perd 3 points d'ENDURANCE.-

Vous n'avez aucune possibilité de prendre la Fuite. Si vous êtes vainqueur, rendez-vous au **159**.

125

Les deux hommes répondent à votre salut en saisissant leurs arbalètes. En vous rapprochant, vous distinguez les insignes qu'ils portent, et vous comprenez la raison de leur geste : ce sont des hommes de main du Sorcier fou, Domontor. Il semble bien que votre ennemi vous ait devancé. L'étrange amnésie du vieux bibliothécaire d'Achtan était donc certainement due à son infâme magie. Mais ce n'est pas le moment d'épiloguer, car les deux hommes sont en train d'armer leurs arbalètes. Empoignant votre épée, vous vous ruez à l'assaut, vos pas martelant la terre rouge brûlée par le soleil, et vous poussez un formidable cri de guerre. Ils ajustent leurs armes fébrilement, car vous n'êtes plus très loin d'eux maintenant. Lancez un dé. Si vous obtenez :

1 : rendez-vous au **228**.
2 ou 3 : deux traits vous atteignent, et vous perdez 6 points d'ENDURANCE ;
4 ou 5 : un seul trait vous atteind et vous perdez 3 points d'ENDURANCE ;
6 : vous n'êtes pas touché.

Si vous êtes toujours en vie, vous vous préparez au combat rapproché, tandis qu'ils se débarrassent de leurs arbalètes et dégainent leurs épées. Rendez-vous au **241**.

126

Vous observez attentivement les Horricrânes, guettant la légère intensification de leur hâlo de flammes qui, vous l'avez compris, indique l'imminence de l'attaque. Face à ce déluge de feu, vous aurez besoin de toute votre habileté pour vaincre. Chaque Horricrâne a un total d'ENDURANCE de 6 points. Lancez deux dés. Si vous obtenez :

2 : Vous êtes grièvement blessé, et vous perdez 6 points d'ENDURANCE ;
3 ou 4 : vous êtes sérieusement blessé et vous perdez 4 points d'ENDURANCE ;
de 5 à 7 : vous êtes légèrement blessé, et vous perdez 2 points d'ENDURANCE ;
de 8 à 12 : un des Horricrânes perd 3 points d'ENDURANCE.

Quand vous aurez tué six de ces créatures, si vous y parvenez, rendez-vous au **206**.

127

Vous jetez la Poudre de Rubis à la tête des Momies, ce qui n'entrave en rien leur imperturbable marche, et vous distinguez parfaitement tous les détails de leurs visages terreux qui sont proches de vous, maintenant. Il faut vous battre. Rendez-vous au **41**.

128

Vous atteignez la dalle de pierre en moins d'une seconde, bien que cet instant vous paraisse durer un siècle, tant l'ouverture se referme rapidement. A peine un demi-mètre la sépare encore du sol quand vous plongez et roulez sur le sol. Lancez deux dés. Si vous obtenez un résultat supérieur à votre total d'HABILETÉ, rendez-vous au **17**. S'il est inférieur ou égal à ce même total, rendez-vous au **212**.

129

Vous n'avez pas le temps d'aller très loin, car deux indigènes surgissent des broussailles et vous barrent la route. Leurs visages sont hideusement tatoués et sur leurs poitrines lisses est peinte une flamme jaune. Une peinture de guerre, sans aucun doute. Vous reculez lentement, mais en tournant la tête, vous découvrez qu'un troisième homme s'est glissé derrière vous. Tous trois pointent leurs lances dans votre direction et vous encerclent, leurs sourires farouches découvrant des dents pointues qui ne présagent rien de bon. Ce sont en effet de féroces cannibales qui vous combattront jusqu'à la mort.

Premier INDIGENE	ENDURANCE : 9
Deuxième INDIGENE	ENDURANCE : 9
Troisième INDIGENE	ENDURANCE : 6

Lancez deux dés. Si vous obtenez :
2 ou 3 : vous êtes blessé et vous perdez 9 points d'ENDURANCE ;
4 ou 5 : vous êtes blessé et vous perdez 6 points d'ENDURANCE ;
6 ou 7 : vous êtes blessé et vous perdez 3 points d'ENDURANCE ;
de 8 à 12 : un des indigènes perd 3 points d'ENDURANCE (à vous de choisir lequel).

Si vous venez à bout de l'un d'entre eux, rendez-vous au **258**, pour poursuivre le combat.

130

Vous vous retrouvez dans une longue galerie souterraine, aux murs de pierre de couleur ocre, éclairée par la lumière vacillante de milliers de bougies plantées dans des candélabres en bronze. Les murs se rejoignent pour former une gigantesque voûte dorée, soutenue en son centre par un alignement de piliers monumentaux. Creusée dans les murs et bordée d'inscriptions hiéroglyphiques d'une étonnante complexité, se trouve une série de niches contenant des corps momifiés recouverts de feuilles d'or. Vous vous trouvez sans aucun doute dans la chambre funéraire des Prêtres-Rois d'Ankou. En traversant cette majestueuse galerie, où l'écho de vos pas se répète à l'infini, vous remarquez que plusieurs momies ont été dépouillées de leur enveloppe d'or. Si vous désirez aller les voir de plus près, rendez-vous au **86**. Si vous préférez continuer en direction du nord, rendez-vous au **288**.

130 *Dans les murs s'aligne une série de niches contenant des corps momifiés recouverts de feuilles d'or.*

131

Vous auriez dû laisser le poignard là où il était. Domontor ne l'aurait sûrement jamais perdu accidentellement. Lorsque vous le saisissez, le métal de sa lame semble fondre et le cuir noir de son manche se ramollit. Ce n'est plus un poignard que vous avez en main, mais une énorme araignée tropicale, un piège diabolique tendu par Domontor. Vous hurlez en la rejetant le plus loin possible de vous, mais trop tard : elle vous a déjà piqué. Le poignet vous brûle, et, en grimaçant, vous entaillez la plaie avec votre couteau pour essayer d'en sucer le venin. Vous perdez 7 points d'ENDURANCE. Si vous êtes toujours en vie, vous écrasez la répugnante créature à coups de talons. Encore affaibli par les effets du venin, vous reprenez votre route d'un pas chancelant. Rendez-vous au **190**.

132

Vous arrivez en bas des marches et vous vous jetez de côté. La dalle de pierre, au pied de l'escalier, vole en éclats sous le choc de l'énorme sphère, et une grêle de débris rocheux vous arrose. Vous sentez le sol trembler, tandis que le rocher poursuit sa course tonitruante à travers la salle avant d'aller se fracasser contre le mur. Rendez-vous au **211**.

133

Vous vous trouvez dans une petite chambre dont la seule issue est un passage orienté vers le nord. Vous décidez de l'emprunter, mais à peine avez-vous fait quelques pas que la porte claque violemment derrière vous. D'un seul élan, vous faites volte-face, et vous découvrez deux Gardiens de Cauchemar de Domontor, qui s'étaient tapis dans l'ombre. Sans vous laisser le temps d'esquisser le moindre geste, l'un d'eux se rue sur vous et vous plante son poignard effilé dans le bras. Vous perdez 3 points d'ENDURANCE. Si vous êtes toujours vivant, rendez-vous au **249**.

134

La porte s'ouvre sur une petite chambre ne comportant pas d'autre issue. Sur un piédestal de marbre noir, un crâne au rictus peu engageant vous fixe de ses yeux vides. Si vous désirez entrer pour l'examiner de plus près, rendez-vous au **88**. Si vous préférez quitter la pièce et essayer d'ouvrir l'autre porte, rendez-vous au **150**.

135

Vous allez tout droit à la cavité où l'Esprit de Feu était emprisonné. Une âcre odeur de soufre s'en dégage par bouffées. A l'intérieur, vous apercevez un anneau de céramique noire. Vous l'extrayez de la pointe de votre épée pour l'examiner, et vous constatez qu'il est gravé d'un soleil rouge. L'anneau est encore brûlant, et comme vous n'avez pas le temps d'attendre qu'il refroidisse, vous allez devoir, si vous désirez l'emporter, l'arroser avec l'eau de votre gourde. Si vous décidez de procéder ainsi, inscrivez sur votre Feuille d'Aventure que vous avez utilisé toute votre réserve d'eau, et rendez-vous au **172**. Si vous ne voulez pas emporter cet anneau, vous regagnez le couloir principal, et vous vous dirigez vers le sud (rendez-vous au **194**).

136

Un court passage en pente douce débouche sur un spectacle qui vous laisse pantois. Vous vous trouvez

sur une corniche, et devant vous s'ouvre un puits immense, d'une largeur d'au moins cinquante mètres ! Il doit plonger jusqu'au cœur de la pyramide, plus bas encore peut-être, car il vous est impossible d'en apercevoir le fond d'où s'échappent d'épaisses volutes de vapeur. Une passerelle de pierre, dangereusement étroite et incroyablement mal étayée, enjambe toute la largeur du puits jusqu'à une autre corniche située le long du mur est, et vous distinguez, à travers les remous de vapeur, la gueule noire d'un tunnel. Les parois du puits ruissellent abondamment ; sans doute l'eau de l'orage tropical qui gronde plus haut, s'écoule-t-elle à travers des conduits jusqu'aux entrailles même de la pyramide pour remplir probablement une source ou un lac souterrain. Vous vous accordez quelques instants pour considérer cet impressionnant spectacle, et, finalement, il vous faut bien admettre que la seule solution pour continuer vers votre objectif est d'emprunter ce dangereux pont de pierre. Ouisti se cramponne à votre épaule — quelque peu inquiet et contracté — et vous vous engagez sur la passerelle.
A peine avez-vous parcouru les deux-tiers du chemin que, jaillissant des profondeurs du tunnel qui vous fait face, une voix de stentor hurle : « Ainsi voilà le Chevalier Dragon ! La fine fleur de la Chevalerie de Palados... Prends garde aux maléfices qui précipitent les existences au néant ! » Dans ce cri, vous avez reconnu la voix de Domontor. Rendez-vous au **120**.

137

D'un violent coup de reins, vous parvenez à éviter, au dernier moment, la lance. Elle siffle à vos oreilles, et va se planter dans un tronc d'arbre. En jetant un regard distrait à la végétation touffue de la forêt, vous vous demandez comment vous allez pouvoir vous sortir de ce mauvais pas, lorsque des cris perçants attirent votre attention. Ouisti est en train d'escalader l'arbre auquel vous êtes pendu, et il tient votre poignard dans sa gueule ! Bientôt, il se laisse glisser le long de la corde qui vous retient prisonnier, et vous pouvez saisir l'arme. Il ne vous faut que peu de temps pour attraper de l'autre main le lien qui vous enserre la cheville et le trancher, malgré les oscillations de la branche à laquelle il est noué. Vous sautez vite à terre, et votre fidèle singe, perché sur votre épaule, vous reprenez votre chemin. Rendez-vous au **267**.

138

Vos doigts glissent sur la roche friable, et vous retombez lourdement au fond de la fosse. Cette chute vous fait perdre 4 points d'ENDURANCE et, si vous êtes toujours vivant, vous essayez de nouveau d'escalader la paroi verticale. Comme vous l'avez fait précédemment, lancez deux dés. Si le résultat que vous obtenez est égal ou inférieur à votre total d'HABILETÉ, rendez-vous au **197**. Sinon, vous vous écrasez une nouvelle fois au fond de cette maudite fosse, ce qui vous fait perdre 4 points d'ENDURANCE supplémentaires. Il vous faudra alors recommencer jusqu'à ce que vous réussissiez, ou jusqu'à ce que vos chutes répétées ne viennent à bout de votre résistance. Définitivement.

139

Vous perdez encore 3 points de PSI. Si votre total de PSI est maintenant égal à 0, rendez-vous au **247**. Autrement, vous continuez tant bien que mal jusqu'à ce que vous émergiez de la fumée et débouchiez à l'air libre, un peu étourdi et mal assuré sur vos jambes. En vous retournant, vous voyez le nuage de fumée onduler pour descendre les marches, comme un être vivant. Tandis que votre cœur retrouve peu à peu son rythme normal, vous prenez pleinement conscience de l'exceptionnelle violence de l'épreuve que vous venez de subir. Vous reprenez votre route, encore parcouru d'incontrôlables frissons. Rendez-vous au **100**.

140

Vous vous arc boutez contre la statue que vous poussez de toutes vos forces. Rien à faire. On la croirait enracinée. Mais vos efforts répétés finissent par être récompensés : la statue bascule enfin et s'écroule dans un buisson. Vous perdez 2 points d'ENDURANCE : c'est le prix de vos efforts en plein soleil. Vous avez mis à jour la dalle de pierre d'un sarcophage enfoui dans la terre grasse, aux pieds de la statue. Vous vous accroupissez pour l'examiner et, saisissant ses poignées ouvragées, vous la soulevez. A cet instant, une légère brise agite les feuillages et vous fait frissonner. Ouisti s'écarte du tombeau en gémissant de peur. Mais il n'y a rien à craindre : il ne contient que les reste d'un noble d'Ankou, mort depuis des siècles. Son squelette semble du jade poli, car il est recouvert d'une couche d'émail vert qui l'a parfaitement préservé de l'usure des siècles. Il tient à la main un sceptre d'or, et il porte autour du cou une lourde chaîne incrustée de joyaux qui scintillent comme des milliers de gouttelettes multicolores. Vous pouvez prendre l'un ou l'autre de ces objets, ou même les deux si vous le désirez. N'oubliez pas de les inscrire sur votre Feuille d'Aventure. Tournant le dos à la sépulture profanée, vous vous enfoncez

LE JOURNAL QUI VOUS DÉVORE
NUMERO 1
PIRANHA
POLAR! TARDI HAMMETT: L'ÉLÉPHANT VERT
PEREC JEUX DE MOTS
B.D.S.F. STEFAN WUL DE LA FUENTE NIOURK
GRAND DOSSIER LES REFUGIES DE L'ILE DE LUMIERE
UNE AVENTURE DONT VOUS ETES LE HÉROS: La pierre de sang

140 *Ce squelette semble du jade poli, car il est recouvert d'une couche d'émail vert qui l'a préservé de l'usure.*

dans la jungle touffue, flanqué de votre petit compagnon. Rendez-vous au **31**.

141

Les traces de pas inscrits dans la poussière du passage vous indiquent que votre ennemi a trouvé le moyen de traverser le lac de cuivre. Vous devez la franchir à votre tour. Avez-vous le sac à maléfices d'un sorcier ? Si oui, rendez-vous au **2**. Sinon, rendez-vous au **78**.

142

Vous avancez le long de l'étroit passage et chacun de vos pas soulève la poussière qui danse à la lueur de votre épée, en dessinant d'étranges arabesques. Des silhouettes en bas-relief font saillie sur les murs — des guerriers à la démarche altière, en route vers quelque glorieuse victoire. Au bout d'un moment vous atteignez une ouverture située dans le mur de gauche, barrée par une lourde grille de bronze. Et comme vous ne voyez rien d'autre à travers les barreaux qu'un couloir vide et poussiéreux, vous décidez de poursuivre votre chemin vers l'ouest. Vous pénétrez finalement dans une grande salle, dont les murs et les piliers sont couverts de sculptures grossières. Rendez-vous au **257**.

143

Vous tendez la main et... Rendez vous au **259**.

144

Votre main ne peut atteindre le tambour car deux faisceaux parallèles de lumière aveuglante jaillissent des yeux d'opale de la statue. Les rayons embrasent votre armure en quelques secondes. Sous un torrent de flammes furieuses, vous reculez, en chancelant. Complètement aveuglé, vous hurlez de douleur, et votre seul espoir est de gagner le bassin. Lancez un dé. Si vous obtenez de 1 à 3, rendez-vous au **289**. Si vous obtenez de 4 à 6, rendez-vous au **81**.

145

Les merveilles que vous avez découvertes dans le temple de Katak ne sont rien à côté du spectacle qui s'offre à vos yeux maintenant. Vous sortez de l'obscurité du passage, et vous débouchez sur une jetée en pierre qui domine un fabuleux lac de cuivre liquide. De l'autre côté, par-delà la resplendissante étendue mouvante, se dresse la réplique exacte de la pyramide, haute de quelques huit mètres, entièrement recouverte d'argent. Sa façade en terrasses scintille dans la lumière brillante diffusée par des sphères lumineuses qui se déplacent dans l'espace. Abasourdi par un si merveilleux spectacle, vous vous rappelez soudain que vous recherchez quelque chose d'encore plus extraordinaire : la statue perdue de Katak, et que votre ennemi, lui, ne perd certainement pas une seconde pour essayer de s'en emparer. Mais comment allez-vous traverser le lac de cuivre ? Si vous possédez une Perle noire, rendez-vous au **219**. Si vous n'avez pas trouvé cet objet au cours de votre aventure, rendez-vous au **141**.

146

Au bout de ce tunnel se trouve une autre grille en bronze. Comme précédemment, si vous souhaitez la forcer pour poursuivre vers l'ouest, cela vous coûtera 1 point d'ENDURANCE (rendez-vous au **266**). Sinon, vous pouvez revenir dans le passage où vous étiez auparavant et reprendre votre route (rendez-vous au **213**).

147

Vous vous arrêtez devant une tête à l'expression grotesque, dont la mâchoire grande ouverte lui donne un air presque comique. Vous y introduisez la main avec prudence, redoutant quelque piège. Tout au fond, vous sentez une petite cavité, trop étroite pour y glisser la main. Vous reculez, en haussant les épaules, prêt à repartir par le tunnel. C'est alors que vous prenez conscience de la chaleur étouffante qui règne dans ce lieu. Vous essayez de partir en courant, mais vos jambes se dérobent, et vous vous effondrez sur le sol. Vous avez l'impression que vos mains sont en coton, et votre épée vous échappe. Vous n'avez plus aucune force. Vous ne pouvez même plus vous relever. Seul le bruit de vos halètements desespérés se fait entendre... et c'est bientôt un silence absolu qui règne dans cet atmosphère vidée de tout oxygène. C'est la fin de votre aventure.

148

Lequel de ces objets allez-vous utiliser si vous le possédez.

Une Lance ?	Rendez-vous au **124**
Un Sceptre doré ?	Rendez-vous au **252**
De la Poudre de Rubis ?	Rendez-vous au **264**

Si vous n'avez aucun de ces objets, il vous faut combattre. Rendez-vous au **182**.

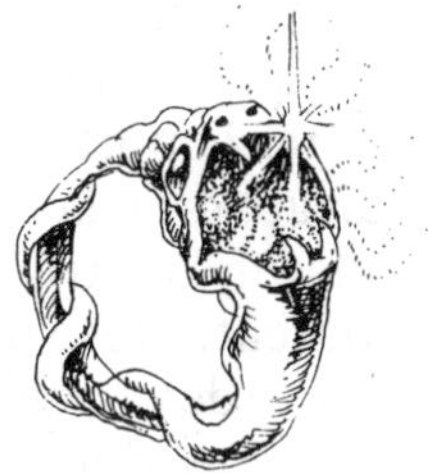

149

Un des traits d'arbalète vous transperce le poumon. Vous êtes brutalement vidé de vos forces et vous tombez comme un pantin sur les marches surchauffées. Des bribes de cris, des fragments de souvenirs, s'entremêlent dans les brumes de votre semi-conscience. Vous sentez vaguement Ouisti qui tiraille de ses pattes minuscules les pans de votre manteau, tandis que vous vous effondrez parmi les décombres de pierres écornées, vomissant votre sang dans les ruines. Dressés de chaque côté de l'escalier, des sculptures grotesques semblent vous narguer. Vous essayez de vous traîner sur les dernières marches, mais le monde vacille autour de vous et vous ne savez même plus si vous montez ou si vous descendez. Le soleil paraît s'éclipser derrière un nuage... L'ombre de l'inconscience vous engloutit... Les sentinelles de Domontor veilleront soigneusement à ce que vous ne vous réveilliez jamais.

150

Venue de nulle par, une rafale de vent s'élève, au moment où vous ouvrez la porte. L'épaisse poussière ondule comme la surface d'un lac balayée par le vent, puis s'élève vers le plafond en trois colonnes translucides qui vous entourent. Des silhouettes prennent forme au milieu des volutes tourbillonnantes. Vous croyez tous d'abord être la victime d'une illusion, mais vous distinguez vite des yeux qui luisent comme des chandelles, et des épées dures et froides comme des rayons de lune. Trois Guerriers Fantômes vous encerclent, spectres venus du fond des âges. Il ne vous reste plus qu'à prier pour que les pouvoirs magiques de votre épée soient suffisamment puissants pour anéantir ces fantômes sans pitié.

Premier GUERRIER FANTOME	ENDURANCE : 9
Deuxième GUERRIER FANTOME	ENDURANCE : 9
Troisième GUERRIER FANTOME	ENDURANCE : 9

Lancez deux dés. Si vous obtenez :
2 ou 3 : vous êtes blessé trois fois et vous perdez 9 points d'ENDURANCE et 1 point de PSI ;
4 ou 5 : vous êtes blessé deux fois et vous perdez 6 points d'ENDURANCE ;
6 ou 7 : vous êtes blessé une fois et vous perdez 3 points d'ENDURANCE ;
de 8 à 12 : un des Guerriers Fantômes (à vous de choisir lequel) perd 3 points d'ENDURANCE.

Comme vous êtes encerclé, vous ne pouvez Fuir. Dès que vous aurez réussi à vaincre l'un des fantômes, rendez-vous au **181**.

150 *Des silhouettes prennent forme au milieu des volutes : vous distinguez des yeux luisants et des épées blanches.*

151

Revenôme parvient à vous saisir par le bras. Vous sentez ses doigts osseux vous pénétrer dans la chair, et une espèce de chatouillement se répand dans tout votre corps. Lancez deux dés. Si vous obtenez un résultat inférieur ou égal à votre total de PSI, rendez-vous au **84**. S'il lui est supérieur, rendez-vous au **243**.

152

Un passage sinueux se dirige plein ouest et vous amène enfin dans un petit vestibule. De là, un étroit passage part vers le nord, tandis que des marches descendent vers l'ouest. Vous décidez de continuer vers l'ouest, et vous vous dirigez vers les marches. Rendez-vous au **207**.

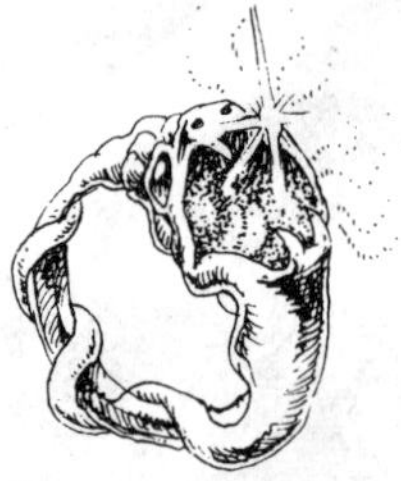

153

A peine en avez-vous franchi le seuil que la porte secrète se referme derrière vous dans un inquiétant grincement. Vous essayez immédiatement de la rouvrir, mais vous avez beau la secouer, la frapper de vos poings, elle ne bouge pas d'un pouce. Finalement, épuisé par ces efforts inutiles, vous vous asseyez par terre. Vous êtes pris au piège. Vous laissant aller à un fatalisme amer, vous saisissez une poignée de pierres précieuses et vous les regardez couler entre vos doigts. Un sourire aigre-doux se dessine sur votre visage : tout comme le squelette qui gît à vos côtés, vous avez découvert les fabuleuses richesses du trésor caché des Prêtres-Rois, et comme lui, vous ne jouirez jamais de cette fortune. Il devient déjà difficile de respirer... Ce coffre-fort sera votre tombeau.

154

Vous vous trouvez dans une antichambre d'où partent deux passages en direction de l'ouest, et dont les murs sont entièrement recouverts de hiéroglyphes indéchiffrables. Dès que vous descendez de la plate-forme, elle remonte jusqu'au plafond, étouffant la lumière et le crépitement de la pluie qui tombe. Vous levez votre épée magique qui émet une lueur bleutée qui illumine la pièce et donne encore plus de relief aux sculptures des murs. Quel chemin allez-vous prendre maintenant ?

Le passage de gauche ? Rendez vous au **272**
Le passage de droite ? Rendez vous au **142**

155

Au deuxième coup de votre épée magique, le monstre mort vivant se disloque et tombe en poussière. Après vous être reposé un instant, vous fouillez la chambre consciencieusement, mais vous n'y trouvez rien d'intéressant. Retournant dans le hall, vous vous dirigez vers l'autre porte. Rendez-vous au **150**.

156

Vous vous retrouvez dans un vestibule voûté, face à une lourde porte en cuivre. A votre gauche, un couloir part vers l'ouest. Si vous souhaitez pousser la porte, rendez-vous au **170**. Si vous préférez emprunter le couloir, rendez-vous au **119**.

157

Si vous désirez forcer le passage, enlevez 1 point à votre total d'ENDURANCE et rendez-vous au **76**. Si vous changez d'avis pensant qu'il est préférable de continuer le long du passage, rendez-vous au **213**.

158

Vous vous rendez vite compte que le bouchon est profondément enfoncé dans le mur, et il vous faut porter plusieurs coups, de toutes vos forces, avec le pommeau de votre épée, pour arriver à le faire sauter. Un jet de flammes rouges s'échappe alors de l'orifice et vous enveloppe le visage. Vous reculez en hurlant, vous débattant sous la chaleur intense, tandis que le flot de feu, semblable à du rubis en fusion, vous frôle. Au sein de la spirale de flammes qui traverse la pièce, vous êtes certain de distinguer une silhouette, celle d'un lézard rouge qui scintille, en suspension dans l'air. Tout à coup, la visière de l'armure se relève d'elle-même, et la salamandre de feu s'y engouffre. La visière se referme dans un claquement sec, ses fentes oculaires brillant comme les feux de l'enfer. A présent, la pièce s'emplit du grondement furieux de l'air, aspiré par l'armure pour alimenter l'infernale chaudière. Vous brandissez votre épée, alors que l'armure se dégage de sa niche et s'avance vers vous lourdement.

ESPRIT DE FEU ENDURANCE : 12

Lancez deux dés. Si vous obtenez :
de 2 à 6 : vous êtes touché et vous perdez 3 points d'ENDURANCE ;
de 7 à 12 : l'Esprit de Feu perd 3 points d'ENDURANCE.

Si vous Fuyez dans le tunnel, rendez-vous au **292**. Si vous décidez de faire face et de vous battre, rendez-vous au **29** après trois lancers de dés.

159

Vous regardez les eaux bouillonnantes se refermer sur la carcasse du Dragon, dont le sang flotte comme une écume cuivreuse à la surface du lac. Quand il a disparu dans les profondeurs insondables, et que le lac a retrouvé sa tranquillité, vous repartez en suivant les rochers jusqu'à un tunnel qui s'ouvre dans le mur nord. Rendez-vous au **156**.

160

En vous efforçant de ne pas regarder vers le bas, vous vous engagez sur la fragile passerelle. Attila Fatum vous attend, brandissant ses deux lourds cimeterres noirs.

ATTILA FATUM ENDURANCE : 15

160 *Fatum vous attend, brandissant ses deux cimeterres noirs.*

Lancez deux dés. Si vous obtenez :
2 ou 3 : vous êtes blessé deux fois et vous perdez 6 points d'ENDURANCE ;
de 4 à 6 : vous êtes blessé une fois et vous perdez 3 points d'ENDURANCE ;
de 7 à 12 : Attila Fatum est blessé et il perd 3 points d'ENDURANCE.

Si vous êtes vainqueur, rendez-vous au **260**. Si vous décidez de prendre la Fuite en plongeant dans le puits, lancez les dés comme à l'habitude, puis rendez-vous au **227**.

161

Vous ouvrez l'urne et vous en déversez le contenu sur les restes fumants du Phénix. Les cendres noires et froides s'en écoulent et, bientôt, le corps du Phénix disparaît sous un manteau de cendres qui en étouffe le feu. Alors que vous vous apprêtez à partir, vous remarquez l'une des plumes, couleur de flamme, de la créature, qui traîne par terre, arrachée très certainement au cours de ce féroce combat. Vous pouvez la ramasser si vous le désirez (n'oubliez pas alors de l'inscrire sur votre Feuille d'Aventure). Allez-vous maintenant vous diriger vers l'est, en empruntant le tunnel qui s'ouvre sous le balcon (rendez-vous au **91**), ou gravir l'autre escalier (rendez-vous au **16**) ?

162

Vous caressez l'Anneau juste à temps. Un flot de flammes blanches vous transperce le corps sans vous faire le moindre mal. Le pouvoir de l'Anneau vous a rendu immatériel pendant quelques secondes. Lorsque vous vous rematérialisez, l'Anneau ayant perdu tout pouvoir, se désagrège en fragments oxydés.

Maintenant, il vous faut agir vite, avant que le Dragon ne puisse cracher de nouveau un torrent de feu. Allez-vous le combattre avec votre épée (rendez-vous au **182**) ou préférez-vous utiliser l'un des objets que vous avez trouvés (rendez-vous au **148**) ?

163

Vous traversez une succession de salles hautes de plafond. Une galerie de cloître court parallèlement à vous, et bien que votre regard ne puisse percer l'obscurité au delà des piliers, vous acquérez vite la certitude que quelque chose bouge dans cette galerie, avançant du même pas que vous, tandis que vous passez d'une salle à l'autre. Un léger frôlement effraie tellement Ouisti, qu'il escalade votre manteau, et se cramponne à votre épaule. Vous attendez pendant plus d'une minute, l'oreille aux aguets, parfaitement immobile, le regard fixé sur la galerie obscure. Mais vous ne voyez rien. Finalement, persuadé que vous êtes le jouet de votre imagination, vous vous préparez à repartir, lorsqu'un autre bruit résonne dans l'obscurité. Pris de panique, Ouisti vous saute sur la tête et se cramponne à vos oreilles ! Avec douceur, vous lui faites quitter son refuge, et sous vos doigts, vous sentez les battements affolés de son cœur. A moins que ces battements précipités ne soient les vôtres... Rendez-vous au **185**.

164

Vous vous cachez au fond d'une niche creusée dans la pierre. Il y fait frais et l'obscurité y est absolue. Environ une minute plus tard, les deux hommes passent devant votre cachette. Vous pensiez être le premier à avoir découvert la pyramide, et c'est un choc pour vous d'y rencontrer deux guerriers en armure, patrouillant tranquillement, et armés jusqu'aux dents. Vous êtes encore plus étonné de les entendre parler votre langue... et puis tout devient clair lorsque l'un deux se retourne, et que vous reconnaissez, sur son uniforme, la huppe noire et blanche, le signe des guerriers de Domontor. La fureur vous gagne, car votre adversaire honni a réussi à vous devancer, ne serait-ce que de quelques heures, voire de quelques minutes. Ils font une halte, et boivent de généreuses rasades d'eau de vie qu'ils transportent dans une gourde. Vous en profitez pour essayer d'entendre leur conversation, légèrement incommodé par la puissante odeur de leur grossier breuvage. « La plaisanterie a assez duré, grogne le premier, en écrasant sur sa nuque empâtée une grosse mouche. L'ennui et la chaleur, passe encore, mais ces insectes vont avoir ma peau avant que le patron ne revienne. Pourquoi nous a-t-il laissé là, je me le demande.

— Pauvre idiot ! réplique son compagnon. On n'est pas mieux ici, dehors ? Tu aurais envie d'être enfermé dans un vieux tombeau avec un fou comme Domontor ? Tu n'en sortirais jamais, pas vrai ?

— Temple, reprend le premier garde, en se gargarisant d'eau de vie avant de l'avaler.

— De quoi ?

— C'est pas un tombeau, c'est un temple. J'ai entendu le patron qui le disait.

— Temple, tombeau, qu'est-ce que ça change ? Des gars dans notre genre, Domontor leur ferait jamais confiance, avec tous les trésors qui traînent par là, non ? C'est pour ça qu'il a pris ces horreurs, ces espèces de, comment déjà... Gardiens de Cauchemar ou quelque chose comme ça avec lui, pas vrai ? »

Vous en avez assez entendu. Si Domontor est venu

avec ses redoutables Gardiens de Cauchemar, il n'y a pas une seconde à perdre. Allez-vous attaquer les deux hommes (rendez-vous au **70**) ou bien tenterez-vous de gravir l'escalier, en espérant qu'ils ne vous apercevront pas (rendez-vous au **184**) ?

165

Le dernier guerrier continue à se battre, mais vous lui avez fait passer son envie de sourire !

Lancez deux dés. Si vous obtenez :
2 ou 3 : vous êtes blessé et vous perdez 3 points d'ENDURANCE ;
de 4 à 12 : votre adversaire perd 3 points d'ENDURANCE.

Si vous êtes vainqueur, rendez-vous au **61**.

166

Enchanté de votre victoire, Ouisti piaille et jacasse, en exécutant des cabrioles sur la balustrade. Vous le regardez avec amusement quand, soudain, une odeur de soufre vous prend à la gorge. A vos pieds, la cape du Gardien de Cauchemar est en train de se réduire en une masse informe, tandis que des volutes jaunâtres s'en échappent, produites par la décomposition de son corps. C'est le destin de tout Gardien de Cauchemar : lorsqu'il est tué, il retourne instantanément à l'état de cendres fétides, sa matière originelle. Sur le sol, il ne reste plus maintenant que le garrot qui a failli vous coûter la vie. Ce n'est qu'une pièce de soie d'une étrange couleur bleue, décorée de crânes blancs. Un tissu apparemment inoffensif, quoique d'un goût douteux. Et pourtant, entre les mains du tueur, il était une arme redoutable... Sans perdre plus de temps, vous descendez dans la salle et, sans vous arrêter devant le foyer qui projette votre ombre dansante sur tous les murs, vous vous dirigez vers une porte, aux panneaux d'acajou, qui s'ouvre sous le balcon. Rendez-vous au **136**.

167

D'un coup sec, vous poussez la porte. Vous vous trouvez maintenant au seuil d'une pièce dont le sol recouvert de poussière laisse apparaître des traces de pas à proximité de la porte que vous venez d'ouvrir. Domontor n'a dû jeter qu'un coup d'œil dans cette pièce, dont les murs de pierre blanche reflètent vivement l'éclat de votre épée. Dans le mur qui vous fait face est gravée une flamme de grande taille qui brille comme un soleil, juste au-dessus d'un autel de marbre sur lequel est posé un pendentif. Vous pouvez aller voir cet objet de plus près, si vous le désirez (rendez-vous au **37**) ou quitter la pièce, et poursuivre votre chemin vers l'ouest (rendez-vous au **269**).

168

Vous ne parvenez pas à vous relever, et vous craignez de vous être brisé la jambe. Une barrière de flammes blanches vous encercle, et en levant les yeux, vous découvrez une mince silhouette qui se détache sur les ondulations furieuses du feu. Vous luttez pour vous redresser, mais en vain : Domontor s'approche de vous. « Ah ! mon cher Chevalier Dragon, murmure-t-il, vous dominant de toute sa hauteur, comme il est plaisant de te voir ramper à mes pieds. Qu'il est agréable de penser que l'ordre des choses finit toujours par être respecté. » La bague de la Mort Rouge brille quand il lève le bras. Domontor ricane, tout en prenant son temps, car il sait parfaitement que vous ne pouvez lui échapper. Et votre corps se dissout dans une fulgurante décharge d'énergie.

169

Ouisti file comme le vent devant vous, et vous revenez ventre à terre dans l'antichambre. La créature sautille gauchement à votre poursuite, son œil énorme oscillant, tandis qu'elle essaie de vous viser pour vous porter une décharge mortelle. Vous êtes maintenant pris entre la créature et le mur recouvert de tapisseries, et vous ne pouvez que vous retourner, pour faire face au danger. L'œil brille comme un soleil de mort. Certain qu'il ne vous épargnera pas, vous vous jetez de côté avec l'énergie du désespoir. Lancez deux dés. Si vous obtenez un résultat inférieur ou égal à votre total d'ENDURANCE, rendez-vous au **262**. Si vous obtenez un résultat supérieur à ce même total, rendez-vous au **287**.

170

Dès que vous ouvrez la porte, une bouffée d'air frais vous enveloppe, agréable contraste avec la chaleur humide de la tanière du dragon. Vous entrez dans une grande salle dont le plafond bas n'est étayé ni par des poutres ni par des piliers. Des vaguelettes de lumière bleue parcourent la pierre grise. Ce sont les reflets de l'eau d'un bassin qui s'étend sur toute la longueur de la pièce. Des marches descendent dans l'eau, qui paraît au demeurant peu profonde. A l'autre extrémité de la salle est assise une grande statue rouge sombre, dont les yeux sont des opalines flamboyantes. En vous en approchant, vous remarquez que ses mains, croisées sur ses genoux, tiennent un tambour d'ébène. Si vous souhaitez aller jusqu'à la

170 *Les mains de la statue, croisées sur ses genoux, tiennent un tambour d'ébène.*

statue et prendre le tambour, rendez-vous au **144**. Autrement, vous pouvez examiner le bassin (rendez-vous au **49**) ou bien quitter cet endroit, et repartir dans le couloir vers l'ouest (rendez-vous au **119**).

171

Vous tendez la main et... Rendez-vous au **259**.

172

Vous glissez l'Anneau à votre doigt. C'est un Anneau de Guérison. Vous pourrez l'utiliser une seule fois au cours de votre aventure, au moment de votre choix, sauf au cours d'un combat. Il restituera immédiatement sa valeur initiale à votre total d'ENDURANCE. Vous rebroussez chemin dans le tunnel, et vous revenez au couloir principal dans lequel vous poursuivez votre route vers le sud. Rendez-vous au **194**.

173

Le sentier débouche sur une petite clairière, au-delà de laquelle s'élève un rideau d'arbres. Au milieu de la clairière, dans l'épaisseur de l'herbe drue, vous apercevez une statuette de pierre, rongée de lichens. Si vous souhaitez l'éxaminer, rendez-vous au **23**. Si vous préférez l'ignorer et poursuivre votre chemin, rendez-vous au **5**.

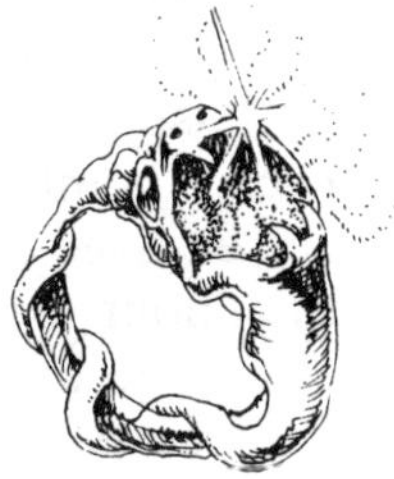

174

Avec déception, vous constatez que vous ne ressentez aucun regain d'énergie en bouclant la ceinture autour de votre taille. Mais peut-être possède-t-elle des propriétés magiques qui se feront sentir plus tard. Si vous ne l'avez pas encore fait, vous pouvez maintenant prendre l'anneau (rendez-vous au **45**) ou la fiole contenant le liquide bleu (rendez-vous au **6**). Si vous préférez poursuivre votre chemin, rendez-vous au **240**.

175

Il va vous falloir courir comme vous ne l'avez jamais fait pour distancer le rocher qui dévale. Lancez deux dés. Si vous obtenez un résultat inférieur ou égal à votre total d'HABILETÉ, rendez-vous au **132**. Sinon rendez-vous au **46**.

176

Si vous avez une plume de Phénix, rendez-vous au **47**. Sinon, rendez-vous au **245**.

177

Au fur et à mesure que vous buvez le liquide du calice, vous sentez qu'il aspire vos réserves de force psychique. Vous perdez 1 point de PSI. Avec un cri de colère, vous le jetez et, avec dépit, vous le voyez alors qui roule sur le sol, pour se perdre dans un coin d'ombre. N'était-ce donc qu'un piège funeste, une plaisanterie cruelle infligée par des hommes morts depuis la nuit des temps ? Maudissant l'affaiblissement de votre force psychique, vous quittez la pièce en direction de l'ouest. Rendez-vous au **87**.

178

Si le Scorpion vous a piqué, rendez-vous au **26**. Si vous avez réussi à le vaincre, en évitant la piqûre de son dard, vous sortez promptement du puits en vous dirigeant vers la porte. Rendez-vous au **152**.

179

A peine avez-vous tendu la main pour prendre le Tambour, que d'aveuglants rayons de lumière jaillissent des yeux d'opaline de la statue. Et, soudain, des flammes fusent autour de vous. Vous avez un mouvement de recul, mais la panique qui vous gagne se transforme en ébahissement : les flammes ne vous brûlent pas ! Et, en quelques instants, elles faiblissent et meurent. Vous ne portez aucune trace de brûlures, vous êtes totalement indemne ! Sans doute, l'eau du bassin possède-t-elle quelque propriété magique qui vous a protégé. Le plus rapidement possible, de peur que ce sortilège cesse, vous vous approchez de la statue. En l'examinant de plus près, vous remarquez un détail qui vous avait échappé tout d'abord : ses bras semblent articulés au niveau des épaules. Sans doute sont-ils reliés à un contrepoids, et vous craignez de mettre en mouvement un mécanisme secret en prenant le Tambour. Pour éviter ce risque, l'idée vous vient de remplacer l'instrument par un objet d'un poids équivalent. Si vous prenez cette décision, choisissez, dans votre Sac, un objet qui pourra faire l'affaire, et rendez-vous au **67**. Si vous ne possédez rien de tel, ou si vous ne voulez vous débarrasser d'aucun des objets que vous possédez, vous pouvez prendre le Tambour au risque de déclencher un piège (rendez-vous au **195**) ou vous pouvez repartir les mains vides en direction de l'ouest (rendez-vous au **119**).

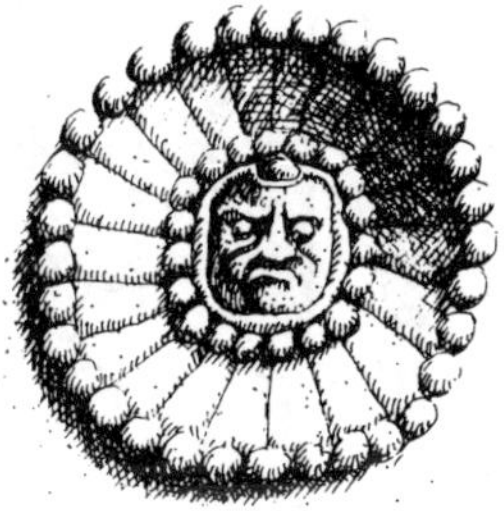

180

Votre curiosité est éveillée par un monolithe de granit, sculpté en forme de démon accroupi, et qui tient une sorte de plaque entre ses griffes. Intrigué, vous vous hissez sur son socle pour examiner cette plaque de plus près. Elle est couverte de symboles dont la plupart sont indéchiffrables. Cependant, cinq d'entre eux, qui sont gravés en son centre, sont parfaitement clairs à vos yeux : ils représentent les principales divinités de l'Empire d'Ankou. L'Eclair est le symbole du dieu tonnerre Tlal. Le disque en forme de Soleil est celui de Tonu, le dieu soleil. La Flamme est la représentation de Katak lui-même. Le Crâne désigne Ictec, dieu des enfers. Quant à la Spirale, elle était l'emblème du dieu des arts, dont le nom s'est

180 *Votre curiosité est éveillée par un monolithe de granit sculpté en forme de démon accroupi.*

perdu depuis longtemps. Vous savez qu'il vous faut toucher l'un de ces symboles. Mais lequel :

L'Eclair ?	Rendez-vous au **259**
Le Soleil ?	Rendez-vous au **143**
La Flamme ?	Rendez-vous au **222**
Le Crâne ?	Rendez-vous au **171**
La Spirale ?	Rendez-vous au **281**

181

Vous avez l'impression d'entendre un faible hululement, au moment où l'un des Guerriers Fantômes se désagrège jusqu'à former une poussière qui s'éparpille en fines particules de lumière. Les autres Fantômes continuent le combat en silence. Lancez deux dés. Si vous obtenez :

2 ou 3 : vous êtes touché deux fois et vous perdez 6 points d'ENDURANCE ;
4 ou 5 : vous êtes touché une fois et vous perdez 3 points d'ENDURANCE ;
de 6 à 12 : un des Guerriers Fantômes (à vous de choisir lequel) perd 3 points d'ENDURANCE.

Vous avez la possibilité de Fuir par où vous êtes arrivé. Si vous en décidez ainsi, rendez-vous au **250**. N'oubliez pas qu'ils tenteront tous deux de vous porter un coup dans le dos ; il vous faudra donc lancer le dé deux fois. Si vous poursuivez le combat, et si vous détruisez un autre Guerrier, rendez-vous au **202**.

182

Même une arme aussi redoutable que votre épée magique semble ridicule contre une créature aussi puissante et aussi massive, mais vous n'avez pas le choix !

DRAGON ROUGE ENDURANCE : 18

Lancez deux dés. Si vous obtenez :
de 2 à 7 : vous êtes blessé et vous perdez 4 points d'ENDURANCE ;
de 8 à 12 : le Dragon Rouge perd 3 points d'ENDURANCE.

Il vous est impossible de prendre la Fuite. Si vous en venez à bout, rendez-vous au **159**.

183

De son vivant, Revenôme était l'un des meilleurs magiciens de son temps, et vous êtes incapable de résister au sort puissant qu'il vous a jeté. Pénétré par une sensation de froid, vous sentez s'agiter quelque chose, dans votre corps. Vous lâchez votre épée, et vos yeux s'écarquillent d'horreur : des excroissances vertes bourgeonnent sur votre peau et s'enroulent autour de vos membres. Tandis que les lianes magiques étouffent la vie qui est en vous, votre dernière image de ce monde est l'affreux rictus de votre meurtrier, arrachant le Pendentif de votre poitrine.

184

L'escalade est pénible, et vous avez à peine gravi la moitié des marches lorsque vous entendez crier en-dessous de vous. Vous vous précipitez vers le sommet de la pyramide, tandis que les deux sentinelles tendent leurs arbalètes, et vous avez presque atteint votre but quand ils décochent leurs traits. Lancez un dé. Si vous obtenez :

1 : rendez-vous au **149** ;
2 ou 3 : les deux traits vous atteignent et vous perdez 6 points d'ENDURANCE ;
4 ou 5 : un seul trait vous atteint et vous perdez 3 points d'ENDURANCE ;
6 : vous n'êtes pas touché.

Si vous êtes toujours vivant, vous vous traînez sur les dernières marches, jusqu'au toit en terrasse de la pyramide et vous disparaissez à leurs yeux. Rendez-vous au **102**.

185

Laissant Ouisti au centre de la salle, vous avancez doucement vers la galerie de cloître, tenant votre épée devant vous pour percer l'obscurité. Soudain, un cri épouvantable perce le silence et un squelette verdâtre surgit de l'ombre, se précipite sur vous, pour essayer de vous arracher les yeux de ses doigts crochus. C'est le noble d'Ankou qui vient reprendre ce que vous avez volé dans son tombeau.

REVENOME ENDURANCE : 9

Lancez deux dés. Si vous obtenez :
de 2 à 6 : vous êtes blessé, et vous perdez 3 points d'ENDURANCE ;
de 7 à 12 : Revenôme perd 3 points d'ENDURANCE.

Vous ne pouvez pas Fuir, et si vous ne détruisez pas cette créature tout de suite, elle vous poursuivra jusqu'à la fin des temps. Si le Revenôme vous blesse deux fois de suite, rendez-vous au **151**. Si vous réussissez à le vaincre sans qu'il ne vous blesse deux fois de suite, rendez-vous au **286**.

186

De monstrueuses apparitions, qui semblent sorties d'un épouvantable cauchemar, dérivent sous le couvert de l'épaisse fumée. Le contact de leurs membres fantômatiques et glacés saisit le plus profond de votre âme. Vous perdez 3 points de PSI. Vos nerfs flanchent, et vous poussez d'interminables hurlements en descendant quatre à quatre les marches de l'escalier. Vous ne voyez pas où vous mettez les pieds, et soudain, glissant sur le rebord d'une marche, vous perdez l'équilibre. Lancez deux dés en essayant d'obtenir un résultat inférieur ou égal à votre total d'HABILETÉ. Si vous réussissez, rendez-vous au **291**. Si vous échouez, rendez-vous au **115**.

187

Vous vous dépêchez de revenir dans le tunnel avant que le formidable oiseau ne puisse effectuer une nouvelle résurrection. Le sol vous brûle les pieds tandis que vous vous précipitez vers l'autre escalier. Rendez-vous au **16**.

188

Sans laisser à vos gardiens le temps de réagir, vous vous jetez sur le guerrier et vous lui arrachez votre épée des mains. Deux autres indigènes se précipitent pour essayer de vous maîtriser, mais vous vous en débarrassez en quelques secondes. Leur sang éclabousse le visage du Sorcier et de ses chefs de guerre, et vous profitez de la panique qui règne dans le village pour vous échapper. Rendez-vous au **189**.

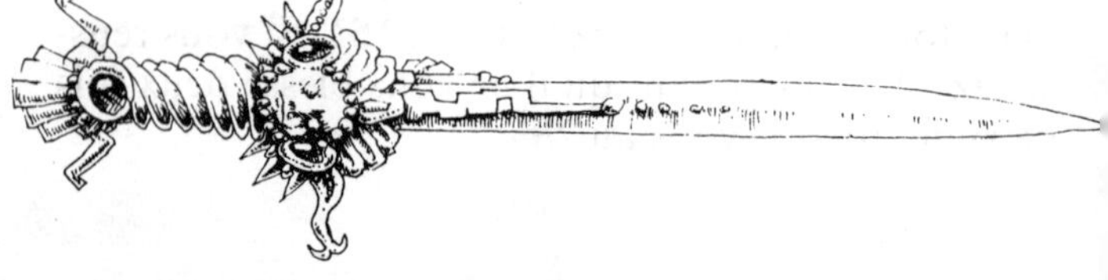

189

Vous courez jusqu'à l'orée de la clairière et vous vous enfoncez dans la jungle, qui paraît bien accueillante dans de telles circonstances. Les indigènes vous donnent la chasse sans perdre de temps, et vous plongez tête baissée dans un océan de feuilles qui vous écorchent profondément la peau tant leurs bords sont acérés. Heureusement, bien que vos poursuivants connaissent la jungle autrement mieux que vous, les hurlements et les cris de guerre qu'ils poussent trahissent leur position. Vous parvenez bientôt à vous infiltrer entre leurs éclaireurs et le gros de la troupe, et ils sont vite très loin derrière vous, tandis que vous avancez à bon pas vers un nord-ouest approximatif. D'après vos estimations, le temple de Katak se trouve droit devant vous. Lancez un dé. Si vous obtenez de 1 à 3, rendez-vous au **18**. Si vous obtenez de 4 à 6, rendez-vous au **246**.

190

Vous suivez le couloir et vous débouchez sur un balcon élevé qui domine un grand hall. Des panneaux sculptés recouvrent les murs, et représentent des cérémonies de dévotion au dieu du Feu, le grand Katak. Dans la salle, au-dessous de vous, vous apercevez six écrans d'argent ciselé, disposés en hexagone autour d'une espèce de brasero. Le feu qui y ronfle projette dans toute la salle un entrelacs d'ombres reflétées par les écrans, alors qu'en leur centre l'éclat du feu est renvoyé en images prismatiques d'une intense beauté. Il vous semble extraordinaire de pouvoir contempler ainsi l'œuvre des Prêtres-Rois d'Ankou, plus de deux mille ans après la disparition de la civilisation qui en a été à l'origine. Vous êtes tellement fasciné par les sculptures et les anti-

190 *C'est un Gardien de Cauchemar, une créature de l'escorte d'immondes assassins qui accompagnent Domontor.*

ques jeux de lumière, que vous ne remarquez pas une silhouette vêtue de noir qui se laisse tomber d'un des linteaux d'une arcade située dans votre dos. C'est un Gardien de Cauchemar, une créature de l'escorte d'immondes assassins qui accompagnent Domontor. Il s'approche de vous sans faire le moindre bruit. Ouisti pousse un cri aigu et s'enfuit précipitamment : cet avertissement vous suffit pour saisir votre épée et, pivotant sur vous même, vous frappez votre assaillant du même élan. Il recule, mais revient vite à la charge, impatient de vous passer son garrot de soie plombé autour du cou.

GARDIEN
DE CAUCHEMAR ENDURANCE : 12

Lancez deux dés. Si vous obtenez :
de 2 à 5 : rendez-vous au **63** ;
de 6 à 12 : le Gardien de Cauchemar perd 3 points d'ENDURANCE.

Si vous êtes vainqueur, rendez-vous au **166**. Si vous préférez prendre la Fuite en vous précipitant vers les escaliers qui descendent du balcon, ne lancez pas les dés comme à l'habitude, mais rendez-vous immédiatement au **75**.

191

Quelque chose de dur se referme autour de vos chevilles, et vous découvrez que vos jambes sont entravées par des chaînes brillantes et glaciales, vertes comme des émeraudes. Saisissant un maillon, vous le tordez, vous le tirez dans tous les sens, de toutes vos forces. En vain. Ce sont des chaînes magiques que l'oscillation du pendentif a créées dans votre esprit, et vous ne pouvez ni les briser, ni les cisailler avec votre épée, aussi tranchante soit-elle. Domontor a utilisé le pendentif comme appât, pour le cas ou votre combat contre Attila Fatum ne se serait pas terminé en sa faveur. Réduisez votre total d'HABILETÉ de 3 points à cause des chaînes qui vous entravent. (Si votre total d'HABILETÉ est actuellement égal ou inférieur à 3, ne le réduisez que d'un seul point.) Le sortilège cesse et, furieux contre vous-même de vous être laissé prendre au stratagème de Domontor, vous partez en toute hâte vers l'ouest. Rendez-vous au **269**.

192

Bien que résolument déterminés à défendre le Temple, les Horricrânes morts vivants ne sont pas vraiment capables de penser ou de raisonner. Ils reconnaissent le pendentif et, vous prenant pour un aristocrate de l'ancien Empire d'Ankou, ils font demi-tour et regagnent leurs niches. Vous l'avez échappé belle ! Avec un profond soupir de soulagement, vous partez par l'ouverture dans le mur ouest. Rendez-vous au **163**.

193

Débarrassé de votre vieux manteau, vous décrochez la cape de plumes et vous la mettez sur vos épaules. Au moment où vous vous apprêtez à partir, Ouisti entre dans un état de grande fébrilité : il sautille de droite à gauche, en poussant de longs cris plaintifs. Vous comprenez vite la source de son émoi. Les piliers en forme de reptiles sont en train de se délover doucement, et les énormes créatures font maintenant mouvement pour vous barrer la sortie dans un enfer de crissements, pierre contre pierre. Rien d'autre à faire que de brandir votre épée, et vous préparer à combattre.

Premier
SERPENT DE PIERRE ENDURANCE : 12

Lancez deux dés. Si vous obtenez :
de 2 à 5 : vous êtes blessé et vous perdez 3 points d'ENDURANCE ;
de 6 à 12 : le serpent perd 3 points d'ENDURANCE.

Si vous êtes vainqueur, rendez-vous au **237**.

194

Au bout d'un moment vous arrivez devant l'ouverture d'un nouveau couloir orienté vers l'est. Allez-vous prendre cette direction (rendez-vous au **205**) ou préférez-vous continuer votre chemin vers le sud. (Rendez-vous au **8**) ?

195

Vous saisissez le Tambour et, tout d'abord, il ne se passe rien. Vous pouvez en admirer tout à loisir les motifs dont il est orné : des guerriers sculptés qui sont représentés dans les danses rituelles précédant les guerres que livrait l'Empire d'Ankou. Heureux de cette trouvaille, vous le rangez dans votre Sac, lorsque les bras de la statue commencent à pivoter. Et vous frémissez en entendant un bruit de rouages qui provient de derrière le mur. Dans l'affolement le plus total, vous vous précipitez vers l'extrémité de la salle, en espérant qu'il vous sera encore possible de fuir le piège démoniaque. Mais à votre grande surprise, vous constatez que le mur situé à l'est s'enfonce lentement dans le sol, découvrant un passage secret. Le cœur battant, vous réalisez que la statue ne récélait aucun traquenard, bien au contraire ! Si vous désirez quitter ce lieu par le nouveau chemin qui vous est offert, rendez-vous au **298**. Mais si vous préférez regagner le vestibule pour prendre le couloir qui se dirige vers l'ouest, rendez-vous au **119**.

196

La lance traverse de part en part votre poitrine, mettant, malheureusement pour vous, un terme brutal et sanglant à votre aventure.

197

Vos sourcils dégoulinent de sueur, et vos bras tremblent sous l'effort, au moment où, finalement, vous parvenez à agripper le rebord du puits, et à vous rétablir sur le sol de la salle. Votre épée repose toujours sur le socle où est posé le coffret, et vous ne pouvez vous éloigner sans la récupérer. Car, si elle est votre arme la plus redoutable, elle est surtout votre seule source de lumière. Vous bondissez donc par-dessus le puits, et vous atterrissez sur le socle, non sans grimacer de douleur à cause de votre cheville. Les fumées noires se sont dissipées. Il n'en subsiste que de minces fumerolles transparentes. Saisissant votre arme, vous la levez afin d'éclairer l'intérieur du coffret ouvert. Vous y découvrez un anneau de bronze, une large ceinture incrustée d'opalines polies, et une fiole en quartz contenant un liquide bleu. Si vous désirez laisser tous ces objets là où ils sont, rendez-vous au **240**. Sinon, lequel allez-vous prendre tout d'abord :

La Ceinture ?	Rendez-vous au **174**
L'Anneau ?	Rendez-vous au **45**
La Fiole ?	Rendez-vous au **6**

198

Le combat se termine par la victoire du Golem, colosse majestueux, dominant de toute sa hauteur les débris épars des Momies anéanties. Mais il n'est pas indemme : les innombrables coups que les Momies ont fait pleuvoir sur lui, ont descellé de son corps de larges marques d'ardoise, et l'un de ses poignets est fracassé. Il vous toise de son regard morne, et commence à s'avancer vers vous, sans grande conviction toutefois. Allez-vous le combattre (rendez-vous au **265**) ou préférez-vous éviter l'affrontement en courant vers le sud (rendez-vous au **72**) ?

199

Vous avancez dans un large couloir, bas de plafond, dont la maçonnerie est incrustée de motifs de marbre rouge et gris. Votre épée illumine l'endroit, et vous remarquez que le couloir oblique brutalement vers la gauche, à peu de distance. Tout à coup, dans un crissement effrayant, une plaque de pierre commence à descendre du plafond. Un rapide coup d'œil derrière vous vous apprend qu'il n'y a aucune retraite possible : une plaque, identique à la première, s'abaisse pour vous barrer la route. Dans quelques instants, la partie du couloir dans laquelle vous vous trouvez sera totalement coupée du monde. Si vous souhaitez essayer de passer sous le mur de pierre qui tombe devant vous, avant qu'il n'atteigne le sol, rendez-vous au **128**. Si vous préférez attendre pour voir ce qui va se passer, rendez-vous au **34**.

200

Votre escalade vers le sommet est loin d'être aussi pénible que vous l'aviez cru. Malgré les ondes de chaleur que dégagent les sombres marches de pierre dans l'air torride, la brise qui souffle régulièrement vous paraît délicieusement rafraîchissante, après votre marche forcée dans l'étuve de la jungle. Le soleil de plomb dessine un jeu d'ombres compliqué sur les sculptures qui apparaissent à intervalles réguliers, de part et d'autre de l'immense escalier. Ces visages de pierre sont d'admirables effigies des Seize Emissaires Célestes de Katak, jadis vénérés comme des demi-dieux. Ouisti, dont le respect des traditions religieuses est pour le moins approximatif, gambade joyeusement parmi les saintes figures, tout au long de votre escalade. Alors que vous avez presque atteint votre but, vous faites une halte, et vous scrutez l'étendue infinie de verdure sauvage qui se déroule sous vos yeux. Vous n'arrivez pas à apercevoir la rivière, mais vous distinguez tout de même la pointe scintillante de la spirale de cristal, auprès de laquelle est mouillé votre navire. Ouisti grimpe le long de vos bottes, sautillant d'un pied sur l'autre, comme pour vous signaler qu'il n'apprécie pas trop cette halte sur la pierre brûlante. En riant discrètement pour ne pas vexer votre compagnon, vous gravissez les derniers degrés et vous débouchez au sommet de la pyramide. Rendez-vous au **102**.

201

En mourant, le Sorcier reprend son apparence première. Vous êtes-vous réellement battu contre un démon, ou n'était-ce là qu'une illusion, un monstre imaginaire créé par le vieil homme ? Vous ne le saurez jamais... Vous vous attendez à voir la tribu tout entière se précipiter sur vous, et vous vous apprêtez à vendre chèrement votre vie. Mais, lorsque vous vous retournez pour leur faire face, vous êtes stupéfait de voir que le village se prosterne devant vous, terrifié par le combat que vous venez de remporter. L'un des indigènes rampe alors vers vous et vous fait l'offrande de la baguette magique en os du Sorcier. Vous l'acceptez (n'oubliez pas de l'inscrire sur votre Feuille d'Aventure), mais vous n'avez pas la moindre intention de prendre la place du Sorcier, comme semblait l'impliquer un tel geste de leur part. Vous vous préparez à repartir et vous êtes ravi de retrouver Ouisti qui vous attend aux abords du village. Laissant les habitants du village à leurs gémissements de deuil et de soumission, vous vous enfoncez dans la jungle. Rendez-vous au **80**.

202

Le dernier des trois Fantômes bondit, en essayant de vous transpercer de son épée immatérielle. Les traits caves de son visage sombre et poussiéreux, ne laissent pas paraître la moindre expression.

Lancez deux dés. Si vous obtenez :
2 ou 3 : vous êtes blessé et vous perdez 3 points d'ENDURANCE ;
de 4 à 12 : le Guerrier Fantôme perd 3 points d'ENDURANCE.

Si vous faites demi-tour pour fuir, rendez-vous au **250**. Si vous venez à bout de ce dernier adversaire rendez-vous au **106**.

203

La cape frémit dans le courant ascendant et se déploie en un parachute resplendissant. Votre chute se ralentit, et vous planez doucement, vous enfonçant en tournoyant dans le puits. A la fin d'une vrille toute en délicatesse, la cape vous dépose souplementsur un rocher au milieu du lac, et perd immédiatement ses plumes, qui s'éparpillent et retombent en pluie magnifiquement colorée. Son pouvoir magique vous a sauvé la vie, mais elle n'était destinée qu'à servir qu'une seule fois. Vous êtes maintenant cerné par les eaux bouillonnantes du lac. De petits récifs rocheux émergent de place en place et, à travers les ondes de chaleur et les volutes de vapeur, vous distinguez un tunnel obscur qui s'ouvre dans la paroi nord. Vous vous y dirigez en sautant de rocher en rocher. Rendez-vous au **275**.

204

Vous esquivez d'un coup de reins, et le trait claque sur le sol, à l'endroit même où vous vous trouviez. Un petit nuage de pierre vaporisée s'élève du point d'impact. Rendez-vous au **242**.

205

Le couloir se termine par une rampe pavée d'onyx rose qui s'élève jusqu'à ce que vous pensez être une chambre funéraire. Quatre guerriers embaumés, avec toutes leurs parures de guerre, se dressent en effet dans des alcôves, sentinelles muettes du passé. Vous apercevez un passage à l'extrémité du mur sud, et vous quittez la rampe pour vous y diriger. C'est alors que vos pires craintes se réalisent : une lueur rougeoyante jaillit des alcôves, auréolant leurs occupants d'un hâlo sinitre. Et vous voyez avec terreur les momies qui, lentement, reprennent vie ! Vous brandissez votre épée, tandis qu'elles s'avancent vers vous. La froide luminescence de votre lame fait ressembler leur peau terne et cendrée, et leurs yeux sans pupilles, à du vieil ivoire. Leurs mouvements sont

205 *Des guerriers embaumés, avec toutes leurs parures de guerre, se dressent dans des alcôves, sentinelles muettes du passé.*

tout d'abord gauches et maladroits, mais peu à peu,elles retrouvent force et souplesse, atteignant même une certaine grâce cauchemardesque. Peut-être y a-t-il dans votre Sac un objet que vous pourriez utiliser contre elles ? Dans ce cas, rendez-vous au **20**. Sinon, il vous faut les combattre. Rendez-vous alors au **41**.

206

Les Horricrânes survivants renoncent au combat, et regagnent leurs niches en flottant dans l'air. Debout au milieu d'un amas de débris osseux, encore rougeoyants, vous tremblez rétrospectivement d'horreur, après ce combat de cauchemar. Heureusement, la physionomie familière de Ouisti, qui vous observe l'air comiquement perplexe, vous ramène à la raison, et vous permet de réprimer les frissons qui vous agitent, et vous reprenez votre chemin avec détermination. Rendez-vous au **53**.

207

Vous descendez l'escalier qui débouche dans une chambre étroite. Vous y remarquez aussitôt un autre escalier qui monte vers l'étage supérieur, mais ce qui attire surtout votre attention est un troisième escalier. Plus large que les deux autres, et situé au centre de la chambre, ses spirales s'enfoncent dans l'obscurité. Sans trop savoir pourquoi, vous avez le sentiment qu'il est le chemin le plus diret qui vous mènera à votre but et, avec une extrême prudence, vous commencez à le descendre. Vite, vous remarquez que vous vous enfoncez dans une brume légère, qui s'épaissit au fur et à mesure de votre descente. Bientôt, l'obscurité est totale autour de vous, alors que vous percevez ce qui vous paraît être tout d'abord de faibles cris, mais qui se transforment en gémissements d'angoisse lorsque vous vous trouvezquelques marches plus bas. Dans les volutes de brume, il vous semble distinguer des visages à l'expression torturée qui vous glace le sang. Mais peut-être n'est-ce là que le fruit de votre imagination... Possédez-vous une conque ? Si oui, rendez-vous au **244**, sinon, rendez-vous au **85**.

208

De nombreux passages latéraux débouchent dans le tunnel, mais vous suivez résolument les traces de Domontor vers le nord, et vous débouchez finalement dans une nouvelle salle. Rendez-vous au **145**.

209

Vous vous arrêtez net, et vous dégainez aussitôt votre épée. Car deux indigènes viennent de surgir des fourrés, et ils vous barrent le passage. Leurs visages sont couverts de tatouages grotesques, et leurs dents limées et brillantes sont aussi acérées que la pointe de votre poignard. Vous reculez, et vous vous mettez à courir. Mais vous découvrez vite qu'un troisième adversaire se trouve derrière vous ! Aussi, vous ne pouvez que faire face. Tous trois vous encerclent, leurs longues lances pointées vers vous. La lame de votre épée scintille dans la lumière de l'après midi. Rendez-vous au **117**.

210

Au bout d'un moment, le couloir dans lequel vous vous trouvez croise un autre couloir orienté est-ouest. Vous décidez de continuer en direction de l'ouest. Rendez-vous au **190**.

211

L'énorme rocher a soulevé un épais nuage de poussière sur son passage, mais la lueur de votre épée le perce sans difficulté, et éclaire un tunnel qui part vers l'ouest. Un autre couloir se dirige vers le sud, mais il est maintenant obstrué par les débris du rocher. Si vous portez un Anneau de dématérialisation, vous pouvez malgré tout prendre la direction du sud. Rendez-vous, dans ce cas, au **64**. Sinon, vous devez partir vers l'ouest. Rendez-vous au **290**.

212

Vous vous jetez à plat ventre, et vous vous glissez sous la dalle de pierre, quelques secondes avant qu'elle n'atteigne le sol. Sans trop réaliser le danger auquel vous venez d'échapper, vous vous relevez en époussetant votre tunique, et en remettant votre armure en ordre. Bien que maugréant, vous ne pouvez pas vous empêcher d'éprouver de l'admiration pour les prêtres de Katak, qui savaient faire preuve d'une telle ingéniosité pour défendre leurs secrets. Mais vous décidez néanmoins de redoubler de prudence, en reprenant votre marche vers l'ouest. Bientôt, vous débouchez dans un autre couloir. Vous y découvrez les traces de pas de Domontor et vous les suivez en direction du nord. Peu de temps après, vous arrivez dans une grande salle. Aviez-vous succombé à la malédiction des Prêtres-Rois ? Si oui, rendez-vous au **279**. Sinon, rendez-vous au **145**.

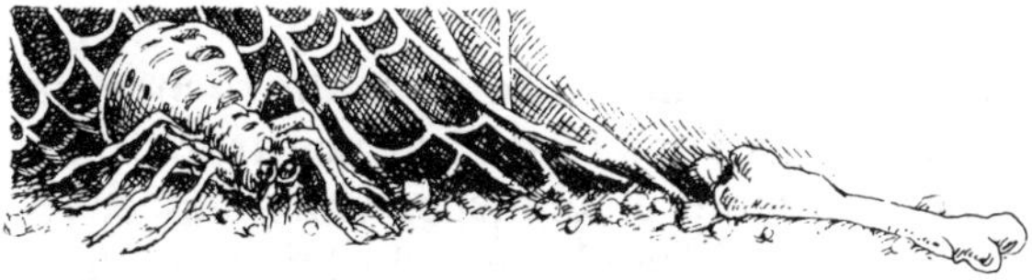

213

Vous poursuivez votre chemin vers l'ouest, et vous débouchez finalement dans une pièce où sont creusées, haut dans les murs, de petites niches sombres. Au fond de chacune d'elles se trouve un crâne d'une blancheur immaculée. A l'une des extrémités de la pièce se dresse un piédestal en marbre. Des flammes sont gravées autour de son socle, et un gros joyau rouge est posé à terre, à son côté. Si vous désirez prendre la pierre précieuse, rendez-vous au **62**. Si vous préférez traverser cette pièce et vous engager dans le passage qui s'ouvre dans le mur opposé, rendez-vous au **53**.

214

En vous approchant des marches qui se trouvent à l'extrémité ouest, vous commencez à ressentir la chaleur étouffante qui règne dans le tunnel. Votre respiration devient laborieuse, saccadée, et à peine arrivez-vous à aspirer quelques maigres bouffées d'air. Allez-vous faire demi-tour (rendez-vous au **123**) ou, malgré tout, essayer d'atteindre les marches (rendez-vous au **230**) ?

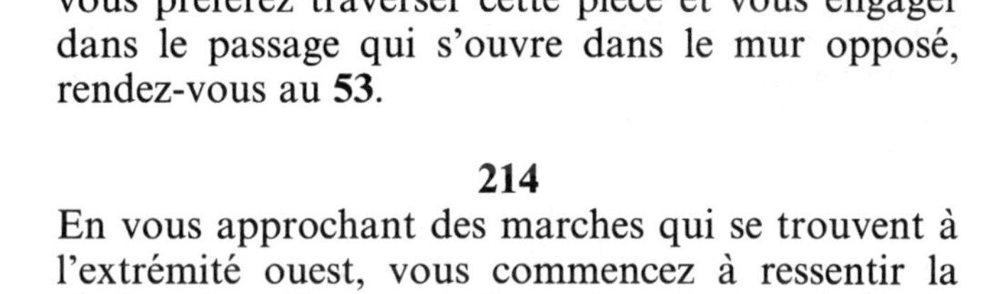

215

Vous cherchez tout autour de vous un rocher sur lequel bondir, mais vous tardez un peu trop : dans l'astmosphère ardente et blanche, vous êtes enveloppé par le souffle incandescent du Dragon. Vous perdez 12 points d'ENDURANCE. Si, par miracle, vous avez survécu, vous étouffez frénétiquement le feu qui consume votre tunique. Il faut maintenant agir vite, sans laisser au Dragon le temps de reprendre son souffle. Allez-vous le combattre avec votre épée (rendez-vous au **182**) ou bien préférez-vous utiliser un des objets que vous avez trouvé (rendez-vous au **148**) ?

216

Votre dernier coup de lance transperce le cœur de la Sentinelle qui s'effondre, et son sang se répand sur les dalles du sol. Vous pouvez, si vous le souhaitez, conserver la lance. Dans ce cas, inscrivez-la sur votre Feuille d'Aventure. Vous scrutez les décombres pour essayer de découvrir une voie d'accès vers l'intérieur de la pyramide. Il y en a bien une, mais trop en évidence à votre goût : une lourde dalle de pierre, au centre de laquelle est scellé un anneau. La poussière et la mousse qui l'entourent ne portent aucune trace, les fines craquelures du joint sont anciennes : cette lourde trappe n'a pas été soulevée depuis des années, depuis peut-être des siècles. Domontor a sûrement trouvé une autre entrée. Un grondement de tonnerre vous fait lever les yeux. De lourds nuages noirs s'amoncellent à l'horizon, se pressent, et semblent courir vers vous, venant du nord. Un rideau de pluie brouille au loin les sommets des montagnes. L'orage arrive vite, et les premières gouttes de pluie s'écrasent déjà sur les marches de basalte. Et vous en êtes toujours au même point : comment pénétrer dans la pyramide ? Si vous souhaitez soulever la trappe, rendez-vous au **36**. Si vous préférez chercher un autre accès, rendez-vous au **180**.

217

Vous atteignez finalement un couloir orienté nord-sud. Allez-vous choisir la direction du nord (rendez-vous au **210**) ou celle du sud (rendez-vous au **24**) ?

218

Vous vous trouvez à l'extrémité nord d'une galerie, sans caractéristique particulière, sinon qu'elle est encombrée de gravats et de débris rocheux. Non loin de l'endroit où vous êtes, vous remarquez une autre porte, mais vous décidez de vous diriger vers le sud. Vous avez à peine fait quelques pas qu'une silhouette massive, que tout d'abord vous aviez prise pour une statue, sort de l'ombre et s'avance lourdement. C'est un gigantesque Golem à la carapace d'ardoise indestructible ! Pris entre ces redoutables adversaires, vous tapez sur le Tambour à coups redoublés, et vous entendez alors les Momies qui se mettent à courir derrière vous. Avec terreur, vous les voyez qui arrivent à votre hauteur, mais, sans s'arrêter, elles vous dépassent pour se jeter sur le Golem en poussant d'effroyables hurlements. Leur assaut est d'une sauvagerie incroyable, et leurs armes acérées râclent furieusement l'armure du géant qui se défend comme il le peut, en faisant de larges moulinets de ses bras pesants. Vous pouvez profiter de ce combat pour vous enfuir dans la galerie, en abandonnant là le Tambour (rendez-vous au **72**). Mais si vous préférez rester pour en connaître l'issue, rendez-vous au **198**.

219

Vous sortez la Perle de votre Sac et, aussitôt, une barque, dont les flancs sont incrustés de pierres précieuses, apparaît dans l'une des grottes obscures qui entourent le lac, et dérive lentement vers vous en soulevant de lourds remous de cuivre en fusion sur son passage. Une silhouette, enveloppée dans une cape, et la tête cachée par un ample capuchon, se dresse à sa proue comme un sombre spectre. Alors que la barque n'est plus qu'à quelques mètres de vous, le capuchon de son passager se rabat soudain, découvrant un visage en métal poli sur lequel la lumière se reflète en éclairs fulgurants. Vous faites face au Squelette d'or, et il vous tend la main, vous réclamant sans aucun doute le prix de votre passage. Vous déposez la Perle noire dans le creux de sa main d'or, et vous sautez dans l'embarcation qui, après avoir fait demi-tour, se dirige maintenant vers le pied de la pyramide où elle ne tarde pas à aborder. Rendez-vous au **270**.

220

Vous courez dans le tunnel du plus vite que vous le pouvez, mais quelques dizaines de mètres plus loin, emporté par votre élan, il s'en faut de peu pour que vous ne vous écrasiez pas contre le mur qui le bouche... Malheureusement pour vous, vous vous êtes engagé dans un cul-de-sac, et le Phénix vous y a suivi. Il est presque sur vous maintenant, et vous devez le combattre.

219 *Une barque dont les flancs sont incrustés de pierres précieuses dérive lentement.*

PHÉNIX ENDURANCE : 12

Lancez deux dés. Si vous obtenez :
de 2 à 6 : vous êtes blessé et vous perdez 3 points d'ENDURANCE ;
de 7 à 12 : le Phénix perd 3 points d'ENDURANCE.

Le Phénix occupe toute la largeur du couloir ! Il vous est donc impossible de Fuir. Si vous sortez vainqueur de ce combat, rendez-vous au **187**.

221

Les fils moisis de la tapisserie se dénouent et se déchirent comme une toile d'araignée dès que vous y touchez, et vous vous retrouvez nez à nez, les yeux dans les yeux, avec un guerrier au visage menaçant, dont l'épée scintille dangereusement. Vous faites un bond en arrière, avant de comprendre que vous vous trouvez devant un miroir, et que vous venez d'apercevoir votre propre reflet ! En poussant un soupir de soulagement, vous vous en approchez de nouveau, et vous vous demandez par quel sortilège sa surface en est toujours aussi brillante, alors qu'elle aurait dû être terni par le temps. Sans doute faites-vous face à un miroir magique, mais vous n'arrivez pas à comprendre sa signification. A vos côtés, le spectacle de Ouisti défiant le redoutable singe qui le menace vous fait éclater de rire et, sans chercher à percer le secret du miroir, vous quittez la salle en direction du nord. Rendez-vous au **277**.

222

Dans le Temple de Katak, il aurait été vraiment stupide de ne pas choisir son symbole ! A peine vos doigts ont-ils effleuré les contours de la sculpture, que vous entendez un grincement de chaînes et de pignons au-dessous de vous. Et, avec quelques soubresauts, la dalle, sur laquelle vous vous tenez, commence à s'enfoncer dans le sol. Ouisti s'empresse de vous rejoindre, et vous disparaissez tous deux dans l'obscurité. Rendez-vous au **154**.

223

Peu après avoir tourné à droite, le couloir se sépare en deux. Les traces de Domontor continuent vers l'ouest, et vous décidez de les suivre. Rendez-vous au **12**.

224

Des flammes blanches jaillissent, et dressent une infranchissable barrière mouvante. Face à vous, se tient Domontor, seul parmi les cagoules vides des derniers Gardiens de Cauchemar. Ils sont morts en combattant un énorme monstre à six bras, fait de jade et de fer, dont il ne subsiste que les membres épars. Sans doute, gardait-il cette caverne depuis la nuit des temps, dernier rempart de la statue sacrée. Le combat qu'il a livré contre les Gardiens de Cauchemar a été âpre et incertain. Même Domontor, qui prend toujours grand soin d'éviter tout danger, est blessé et couvert de sang. Votre regard se charge d'une haine féroce tandis que vous approchez de lui. Son manteau, pendant mollement sur ses épaules, lui donne l'air d'un charognard au plumage blafard. Il parcourt du regard d'anciens caractères runiques, gravés sur un socle de granit et, prenant conscience de votre présence, il se retourne et lance : « Alors ! tu as réussi à te débarrasser d'Attila Fatum. Mais en fait, cette victoire ne m'étonne guère. » Puis, désignant le socle gravé, il ajoute : « Il existe une formule compliquée pour éteindre le mur de flammes qui nous encercle. La statue se trouve de l'autre côté, bien entendu. Je devrais parvenir à déchiffrer ces inscriptions assez rapidement, alors que, si je ne m'abuse, tu ne connais pas mieux ce genre de chose que l'agaçant petit singe que tu ne portes plus sur les épaules... grâce à moi ! »

Vous cherchez des mots pour maudire cet assassin au diabolique rictus, mais vous ne trouvez rien de mieux à répondre que : « Domontor, tu mourras par mon épée ! » Il vous dévisage avec attention, et se met à rire amèrement : « Chevalier Dragon de Palados ! Si nous devions croiser le fer, peut-être serais-tu vainqueur. Mais je connais une douzaine de façons de te tuer par la magie, avant même que tu ne puisses me toucher. » Il tire alors un objet de sa tunique, et vous clignez des yeux, quand il le tourne vers vous. « Le miroir de Lune » dit-il. Domontor ajuste soigneusement le Miroir, afin qu'il vous renvoie votre regard, et il le lâche. Au lieu de se fracasser sur le sol de pierre, le miroir reste en place, flottant dans l'air. Il commence à tourner doucement, s'élargit au fur et à mesure que le mouvement s'accélère, et devient bientôt un tourbillon de mercure qui se remplit de votre image. Puis, sous vos yeux effarés, votre reflet sort du miroir et se dresse devant vous. Eclairé par la demi-lumière surnaturelle du monde des miroirs, il n'est pas tout à fait votre jumeau. On dirait plutôt une reproduction parfaite, mais exécutée dans des teintes mal choisies. « Voici ton Simulacre, explique Domontor. Ton double sans âme. » Le Simulacre pousse un cri inhumain et s'avance vers vous d'une démarche menaçante et brutale. « C'est un automate sans cervelle, entièrement voué à une seule cause : ta mort. » Méprisant,

Domontor se désintéresse du combat, et se replonge dans la traduction des inscriptions. Le Simulacre dispose de la même ENDURANCE que vous. Il est votre parfaite réplique dans tous les domaines, sauf qu'il ne possède ni âme ni raison, et qu'il n'arrête pas la lumière : cette créature ne possède pas d'ombre. Rendez-vous au **43**.

225

Dès que vous buvez le contenu du calice, vous ressentez les effets de son pouvoir bienfaisant qui cicatrise vos blessures et efface votre fatigue. Augmentez votre total d'ENDURANCE de 6 points à condition de ne pas dépasser votre total de départ. Cependant, cette magie bénéfique puise dans vos réserves psychiques, et vous devez réduire votre total de PSI de 1 point. Vous pourrez garder le calice et vous en servir à chaque fois que vous le désirerez, aussi longtemps qu'il vous restera de l'eau à y verser. Chaque fois que vous l'utiliserez, vous gagnerez 6 points d'ENDURANCE, mais vous perdrez 1 point de PSI. Vous pourrez décider de boire le contenu du calice magique, à tout moment de votre aventure, sauf au cours d'un combat. Mais, au cas où cela réduirait votre total de PSI à 1, il perdrait tout pouvoir. Après avoir rangé le Calice dans votre Sac, vous sortez de la pièce en direction de l'ouest. Rendez-vous au **87**.

226

Des gerbes d'étincelles magiques jaillissent des mains du Revenôme, et vous éclaboussent. Elles s'enfoncent dans votre chair, et vous vous sentez saisi par un froid mordant, comme au cœur d'un coup de blizzard. Lancez deux dés. Si vous obtenez un résultat inférieur ou égal à votre total de PSI, rendez-vous au **278**. S'il est supérieur, rendez-vous au **183**.

227

Vous traversez l'épaisse vapeur comme une flèche. Une déchirure entre deux nuages vous laisse entr'apercevoir de l'eau au fond du puits, mais le soulagement que vous en éprouvez est de courte durée : à voir la surface de l'eau qui monte vers vous à une vitesse vertigineuse, frémir et bouillonner, la terreur vous noue les entrailles. Vous êtes en train de plonger dans un lac souterrain en ébullition ! Portez-vous une cape de plumes ? Si oui, rendez-vous au **203**. Si vous n'avez pas découvert cet objet, au cours de votre aventure, rendez-vous au **112**.

228

L'un des traits vous transperce le poumon et vous vous effondrez dans la poussière. Vous percevez des bribes de cris et des lambeaux d'images. Ouisti tiraille les pans de votre manteau, avec ses pattes minuscules. Vous sentez le goût du sang et de la poussière aride dans votre bouche. Un pied botté vous retourne sur le dos et vous essayez faiblement de le repousser. Quelqu'un vous domine de toute sa hauteur, une ombre rouge qui se détache dans le soleil aveuglant, puis vous perdez connaissance. Vous ne vous réveillerez jamais plus.

229

Vingt siècles plus tôt, cette émanation était un gaz empoisonné, mortel en quelques secondes. C'est une grande chance pour vous qu'il se soit oxydé et altéré au cours des âges. Ce n'est plus maintenant qu'un gaz vaguement irritant, qui vous fait larmoyer. Au fur et à mesure que la fumée se dissipe, vous apercevez trois objets dans le coffret : un anneau de bronze, une fiole contenant un liquide bleu, et une ceinture incrustée de pierres polies. Si vous souhaitez les laisser là où ils sont, rendez-vous au **240**. Mais vous pouvez également les examiner de plus près. Lequel allez-vous prendre en premier :

La Ceinture ?	Rendez-vous au **174**
L'Anneau ?	Rendez-vous au **45**
La Fiole ?	Rendez-vous au **6**

230

Vous parvenez non sans mal à une courte volée de marches que vous gravissez et vous débouchez dans une vaste salle de forme hexagonale. Bien qu'elle soit imprégnée d'une odeur de moisi et de renfermé, l'air y est au moins respirable. Vous ne vous sentez pas très bien, la tête vous tourne, et vous vous accroupissez pour reprendre votre souffle. Vous en profitez pour regarder ce qui vous entoure, et votre attention est tout de suite attirée par une grande armure en bronze, qui se dresse dans une alcôve à l'autre extrémité de la salle. En détaillant les plaques de métal poli dont elle est faite, et qui sont gravées d'étranges hiéroglyphes, vous réalisez soudain que cette armure n'a pas pu être forgée pour un guerrier humain. Et d'ailleur, elle doit peser plus d'une demi-tonne ! Cette observation n'est pas pour vous rassu-

230 *Les plaques de métal sont gravées d'étranges hiéroglyphes : l'armure n'a pas pu être forgée pour un guerrier humain.*

rer, et vous vous remettez très vite sur vos pieds. Dans le mur, près de vous, se trouve une espèce de bouchon circulaire en bronze, gravé du symbole sacré, la flamme de Katak. La pierre autour du bouchon est pâle et veinée de traînées noires. Si vous désirez essayer d'enlever le bouchon de bronze, rendez-vous au **158**. Si vous préférez revenir au couloir principal, et partir vers le sud, rendez-vous au **194**.

231

Avez-vous un Anneau de dématerialisation ? Si oui, rendez-vous au **162**. Sinon, il vous faut essayer d'esquiver le souffle du Dragon. Lancez deux dés, et essayez d'obtenir un résultat inférieur ou égal à votre total d'HABILETÉ. Si vous réussissez, rendez-vous au **94**. Si vous échouez, rendez-vous au **215**.

232

Vous vous approchez de l'une des momies et vous soulevez son masque d'or, pour découvrir un visage au sourire sinistre. Entre ses dents jaunies luit une perle noire. Il vous paraît clair que Domontor a estimé nécessaire de rassembler quelques-unes de ces perles, mais dans quel but ? Vous tendez la main et vous saisissez la perle entre vos doigts. Au même instant, vous éprouvez un sentiment de mal absolu comme si l'ombre d'un démon s'introduisait en vous. C'est la malédiction des Prêtres-Rois, un sortilège antique qui assaille tous ceux qui osent profaner leurs dépouilles embaumées. En vingt siècles cependant, la malédiction a perdu beaucoup de sa puissance. Il vous suffit, en lançant un dé, d'obtenir un résultat inférieur ou égal à votre total de PSI, pour y résister. Si vous réussissez, rendez-vous au **33**. Si vous échouez, rendez-vous au **38**.

233

Vous désignez du doigt les jarres qui se trouvent dans la case et vous faites signe aux deux guerriers les plus proches d'aller les chercher. Obéissant de mauvaise grâce, ils les déposent sur le seuil. Vous y jetez un coup d'œil, et y découvrez une mixture mousseuse de liquide en fermentation. Cette décoction est préparée à des fins rituelles. Normalement, les indigènes n'en boivent qu'à l'occasion de fêtes sacrées très précises, mais voyant le triste état dans lequel se trouve leur Sorcier, ils font une entorse à la tradition. Sans vous quitter des yeux, ils ingurgitent d'énormes quantités de cette boisson peu engageante, et ne tardent pas à se traîner sur le sol, désespérément ivres. Quant au Sorcier lui-même, il refuse obstinément d'y goûter, se contentant de ruminer son orgueil blessé. Vous ne souhaitez pas faire de mal à un pauvre vieillard, et vous vous contentez de lui retirer sa baguette magique et son sac à maléfices, afin qu'il ne puisse plus vous jeter de sort, et vous le ligotez. Il se laisse faire en silence, honteux de ce traitement humiliant, mais, en même temps, conscient, semble-t-il, de la loyauté de son adversaire. Si vous décidez de conserver sa baguette et son sac à maléfices, n'oubliez pas de les inscrire sur votre Feuille d'Aventure. En repartant, vous avez le plaisir de retrouver Ouisti qui vous attend sagement à l'orée de la clairière. Le temps que les indigènes endormis reprennent conscience, vous serez loin. Vous vous enfoncez tous deux dans la jungle. Rendez-vous au **80**.

234

Les Prêtres de Katak avaient créé les Horricrânes morts vivants pour protéger leur temple des profanateurs. N'étant doué d'une intelligence que très rudimentaire, l'Horricrâne, à la vue du pendentif que vous portez, réagit comme si vous étiez un noble de l'Empire d'Ankou, tout à fait à sa place dans l'enceinte sacrée. Il voltige encore autour de vous pendant quelques instants, puis va reprendre sa place. Quelque peu ébranlé par cette chaude alerte, vous quittez lentement la pièce, à reculons, et vous vous dirigez vers l'autre porte. Rendez-vous au **150**.

235

Vous passez la porte comme une flèche et vous la claquez derrière vous. Vous vous retrouvez dans un nouveau couloir qui se dirige vers l'ouest. Rendez-vous au **89**.

236

Ouisti perché sur votre épaule, vous vous dirigez vers la galerie. Dans la pénombre, au-delà des piliers, vous distinguez vaguement un alignement de statues tellement érodées qu'il est parfaitement impossible de deviner qui elles peuvent représenter. Soudain, vous distinguez quelque chose qui luit faiblement dans la lumière magique de votre épée. Vous vous baissez, et vous ramassez une petite figurine de jade en forme d'aigle aux ailes déployées. Inscrivez-la sur votre Feuille d'Aventure, si vous décidez de l'emporter. Vous ne vous approchez pas plus de la galerie, et vous repartez vers l'ouest. Rendez-vous au **217**.

237

Alors que votre premier adversaire s'écroule dans une grêle de roche brisée, le deuxième rampe inexorablement vers vous.

Deuxième
SERPENT DE PIERRE ENDURANCE : 12

Lancez deux dés. Si vous obtenez :
de 2 à 5 : vous êtes blessé et vous perdez 3 points d'ENDURANCE ;
de 6 à 12 : le Serpent perd 3 points d'ENDURANCE.

Si vous êtes vainquer, rendez-vous **71**.

238

Vous cherchez désespérément à reprendre votre souffle, et vous ne pouvez pas faire grand-chose de plus. Vos bras endoloris ont du mal à lever votre épée. Votre dernier adversaire s'approche.

Lancez deux dés. Si vous obtenez :
de 2 à 5 : vous perdez 3 points d'ENDURANCE ;
de 6 à 12 : la Momie perd 3 points d'ENDURANCE.

Si vous décidez de Fuir vers le sud, rendez-vous au **15**. Si vous décidez de mener le combat à son terme, et si vous êtes vainqueur, rendez-vous au **54**.

239

Combien de fois le Scorpion vous a-t-il piqué ? Vous devez à présent, en lançant un dé, obtenir un résultat supérieur à ce chiffre, si vous voulez résister aux effets du venin. Si tel est le cas, rendez-vous au **297**. Sinon, rendez-vous au **99**.

240

Vous bondissez par-dessus le puits et après avoir jeté le Sac sur votre épaule, vous quittez la pièce en direction de l'ouest. Rendez-vous au **69**.

241

Le plus valeureux des Chevaliers de Palados ne devrait faire qu'une bouchée de ces deux barbares grossiers.

Première SENTINELLE	ENDURANCE : 9
Deuxième SENTINELLE	ENDURANCE : 9

Lancez les deux dés. Si vous obtenez :
de 2 à 3 : vous recevez deux blessures, et vous perdez 6 points d'ENDURANCE ;
de 4 à 5 : vous recevez une blessure, et vous perdez 3 points d'ENDURANCE ;
de 6 à 12 : l'une des Sentinelles perd 3 points d'ENDURANCE (à vous de choisir laquelle des deux).

Quand vous vous serez débarrassé de l'un de vos adversaires, rendez-vous au **113**.

242

Vous vous déplacez prudemment en un mouvement circulaire, tandis que Domontor se rapproche, vous narguant sans cesse en agitant sa bague mortelle, comme s'il ne s'agissait que d'une babiole sans importance. Vous sentez la pierre derrière vous, et vous vous rendez compte que vous avez reculé jusqu'au mur adjacent à l'alcôve. Le visage éternellement féroce de la statue fixe son regard vide sur la caverne, et la Bague de Domontor brille comme une redoutable menace. « Et où peux-tu courir, maintenant ? dit-il. Adieu. » Le rayon de rubis jaillit de sa bague et s'arrête net, à quelques centimètres de votre visage ! Domontor est tout abasourdi... mais sa stupeur ne dépasse pas la vôtre. Son visage émacié exprime la surprise, l'incrédulité, la rage impuissante... et la peur. Les yeux écarquillés de Domontor se fixent sur la statue, puis sur votre épée, dont vous remarquez à présent que la lueur s'affaiblit. C'est un phénomène dont vous comprenez tout de suite la cause, et Domontor aussi : la statue anihile toute magie, au moins dans un certain rayon. Mais vous ne pouvez vous permettre de rester dans cette zone de sécurité. Il faut profiter de l'hébétude du magicien fou pour porter la première attaque. L'épée haute, vous bondissez vers lui. Complètement désemparé, il vous vise d'une main tremblante. Il peut vous lancer une décharge, mais une seule, avant d'essuyer votre attaque. Pour esquiver le choc mortel, il vous faut, en lançant *trois* dés, obtenir un résultat inférieur ou égal à votre total d'HABILETÉ. En cas d'échec, vous perdez 15 points d'ENDURANCE. (Vous avez cependant une autre solution : si vous possédez l'Anneau d'Intangibilité, vous pouvez l'activer, et la décharge d'énergie vous traversera sans dommage. L'anneau se désagrègera alors. Si vous survivez au rayon mortel, vous vous jetez sur Domontor. Rendez-vous au **30**.

243

Au temps de l'Empire d'Ankou, les rejetons de la noblesse entraient traditionnellement dans le clergé pour y apprendre l'art de la magie. Le Revenôme auquel vous vous mesurez devait sûrement être bon élève, car il lui suffit de vous toucher pour que des étincelles de lumière verte jaillissent de votre corps. Vous essayez de les chasser, mais les petites lumières aiguës vous paralysent les membres et vous empoisonnent le sang. Votre vue s'affaiblit, tout commence à disparaître autour de vous, et votre ultime vision est le rictus qui tord la bouche du Revenôme, tandis qu'il arrache avidement le précieux Pendentif de votre poitrine.

244

Peut-être est-ce une inspiration surnaturelle qui vous incite à porter le grand coquillage à vos lèvres et à souffler dedans ! La conque produit une note basse, profonde, qui s'amplifie jusqu'à devenir un grondement de tonnerre. Vous arrêtez de souffler mais le son continue de s'intensifier. Soudain, le coquillage se brise en deux, et, au même instant, vous entendez le hurlement d'une violente tempête. Vous ne sentez pas le vent, mais vous pouvez en constater les effets : le nuage de fumée se disperse comme repoussé par une main géante et invisible. Bientôt, il ne subsiste que quelques fumerolles transparentes qui flottent dans l'air. Cette trompe était un objet consacré au dieu du tonnerre d'Ankou, Tlal. En soufflant dedans, vous avez activé sa puissance sacrée contre les terribles Spectres de Fumée, qui n'auraient certainement pas manqué de vous réserver un mauvais sort, et de vous ravir votre âme. Une fois la fumée complètement dissipée, vous continuez à descendre les escaliers. Rendez-vous au **100**.

245

Vous tombez dans un puits qui s'enfonce dans la pyramide d'argent, jusque dans une caverne située très certainement bien au-dessous de sa base. Votre vision est troublée par la colonne de lumière, et bien que vous vous soyez préparé à la violence du choc, vous n'en atterrissez pas moins avec une certaine maladresse, ce qui vous fait perdre 2 points d'HABILETÉ. Si votre total d'HABILETÉ est maintenant égal à zéro, rendez-vous au **168**. Sinon, rendez-vous au **224**.

246

Vous poursuivez votre route, vous sentant bien seul, mais votre humeur se transforme instantanément à la vue d'un vieil ami qui vient à votre rencontre, se balançant de branche en branche. Ouisti gambade et vous fait fête, transporté de joie : il vous a retrouvé vivant. Rendez-vous au **80**.

247

La fumée se dissipe... et votre corps avec elle. Les Spectres de Fumée ont réclamé votre âme, et vous êtes maintenant des leurs. Comme eux, vous êtes devenu une ombre errante du monde des ombres.

248

Vous lancez le pendentif au loin, et la pierre explose contre le mur de marbre. Votre imprudence a bien failli vous être fatale. Le pendentif était très certainement un piège tendu par Domontor, dans l'hypothèse où vous auriez survécu, et continué à lui donner la chasse. Il a sûrement ordonné à l'un de ses Gardiens de Cauchemar de le laisser à cet endroit, c'est l'évidence même, et voilà pourquoi aucune trace de pas ne marquait la poussière. Bien résolu à rester constamment sur vos gardes, vous retournez dans le couloir et vous repartez vers l'ouest. Rendez-vous au **269**.

249

Les sinistres donneurs de mort se glissent vers vous, sans un bruit. Sous leur capuchon de soie noire, leurs yeux en amande clignotent comme de pâles étoiles. De leur visage voilé, vous ne distinguez aucun autre détail. Vous savez parfaitement que si vous essayez de leur échapper, ils vous auront taillé en pièces avant que vous n'ayez pu faire trois pas. C'est une lutte à mort qui vous attend.

Premier GARDIEN DE CAUCHEMAR	ENDURANCE : 12
Deuxième GARDIEN DE CAUCHEMAR	ENDURANCE : 12

Lancez deux dés. Si vous obtenez :
de 2 à 4 : les deux Gardiens vous blessent et vous perdez 6 points d'ENDURANCE ;
de 5 à 7 : un Gardien vous blesse et vous perdez 3 points d'ENDURANCE ;
de 8 à 12 : l'un des Gardiens de Cauchemar (à vous de choisir lequel) perd 3 points d'ENDURANCE.

Si vous tuez l'un d'entre eux, rendez-vous au **285**.

250

Dans l'espoir de trouver une route plus directe et moins dangereuse jusqu'au cœur même du temple, vous revenez sur vos pas. Vous remontez jusque dans les décombres de l'édifice qui coiffe la pyramide. Un orage vient d'éclater, et l'averse chaude et drue se transforme bientôt en un véritable déluge. Et quand votre regard se porte au loin, plus loin encore que la cime mobile des arbres de la jungle, vous découvrez l'étendue verdâtre et tourmentée d'une mer agitée par la tempête. Vous laissez vos pensées glisser vers votre navire et les marins qui le veillent. Etes-vous plus en danger ici, dans ce lieu de malédiction, qu'eux-mêmes, ballottés au gré d'une rivière en furie, menacés par la foudre, et perdus dans une obscurité presque totale ? La pluie fouette furieusement les pierres moussues et, sans perdre plus de temps, vous vous mettez à la recherche d'un meilleur chemin pour pénétrer à l'intérieur de la pyramide. Rendez-vous au **180**.

251

A peine avez-vous fait quelques pas dans ce hall que vous croyez percevoir un léger bruit derrière vous. Vous vous retournez, mais vous n'arrivez pas à distinguer quoi que ce soit dans la pénombre du couloir dont vous venez de sortir. Bien que pressé de continuer, vous revenez sur vos pas. La lueur bleue de votre épée fend l'obscurité opaque, presque palpable. Un squelette verdâtre se dresse alors devant vous, dans ses haillons d'herbes humides et de moisissures noirâtres. Tout à coup, il hurle. C'est un cri perçant, inhumain. Et ses doigts décharnés vous saisissent à la gorge. Le noble d'Ankou, dont vous aviez profané la sépulture, est revenu du monde des morts pour se venger.

REVENOME ENDURANCE : 9

Lancez deux dés. Si vous obtenez :
2 ou 3 : rendez-vous au **226** ;
de 4 à 6 : vous êtes blessé et vous perdez 3 points d'ENDURANCE ;
de 7 à 12 : Revenôme perd 3 points d'ENDURANCE.

Vous ne pouvez pas Fuir ce combat. Si vous n'en venez pas à bout tout de suite, Revenôme vous pourchassera éternellement. Si vous êtes vainqueur, rendez-vous au **110**.

252

Vous tirez le Sceptre de votre ceinturon, et vous le brandissez devant le Dragon, ce qui le laisse, semble-t-il, totalement indifférent. Il pousse un grondement furieux, crache un flot de flammes et de fumée, et vous arrache le sceptre d'un seul coup de ses griffes acérées, qui cinglent l'air comme un fouet. Vous perdez 4 points d'ENDURANCE et, si vous êtes toujours en vie, vous brandissez votre épée, et vous vous préparez à combattre ! Rendez-vous au **182**.

253

Vous suivez le sentier qui serpente interminablement entre des troncs d'arbres, durs comme de la pierre, si nombreux qu'ils se touchent presque. Vous finissez par vous accorder une halte et, sortant votre gourde de votre Sac, vous vous apprêtez à partager un peu d'eau avec Ouisti, lorsque levant les yeux, la vision qui est la vôtre vous glace d'horreur. Un crâne décharné vous sourit, en effet, de derrière les frondaisons ! Il n'est pas le seul d'ailleurs... Il y en a beaucoup d'autres qui lui tiennent compagnie, empalés sur des piquets, tout le long du sentier. Allez-vous faire demi-tour en courant, et vous engager sur l'autre sentier ? Si oui, rendez-vous au **95**. Mais vous pouvez décider de traiter ce sinistre avertissement par le mépris, et continuer, malgré, tout votre chemin. Rendez-vous au **51**.

254

Les Horricrânes se rapprochent, menaçants, lorsque vous saisissez le joyau. Leur mission est en effet de le protéger. Domontor lui aussi avait dû le retirer du piédestal quand il vous a précédé en ce lieu. Vous laissez tomber la pierre à terre, tout comme l'a certainement fait votre ennemi, et les Horricrânes suspendent leur vol, avant de regagner leurs niches, en planant tranquillement. Après un dernier regard au resplendissant joyau, vous vous assurez de la présence de Ouisti à vos côtés, et vous poursuivez votre chemin. Rendez-vous au **53**.

255

En admettant que cette Baguette possède réellement des pouvoirs magiques, vous n'avez pas la moindre idée sur la façon de les mettre en œuvre. En tout cas, elle reste sans effet sur les guerriers morts vivants qui s'avancent vers vous. Rendez-vous au **41**.

256

L'acier froid de votre épée magique vient enfin à bout du Malgosh. Ses flammes meurent avec lui, et il se désintègre. Il ne subsiste de lui qu'un petit amas de cendres noires et fumantes. Il n'y a plus de temps à perdre ici, et, dispersant du bras les restes de cendres qui flottent encore dans l'air, vous vous dirigez vers la porte nord, au-delà de laquelle vous découvrez un passage que vous suivez vers l'ouest. Rendez-vous au **89**.

257

A l'extrémité sud de la salle se trouve un grand puits rectangulaire, au centre duquel se dresse une plate-forme de pierre, au niveau du sol. Sur la plate-forme repose un coffre de bois noir. Entre le bord du puits et la plate-forme, l'espace est à peine d'un mètre et demi. Vous pourriez sauter par dessus le puits sans

257 *Sur la plate-forme de pierre repose un coffre de bois noir.*

difficulté, mais le fait que la lumière de votre épée ne parvienne pas à en éclairer le fond n'est pas pour vous rassurer. Si vous souhaitez sauter sur la plate-forme, rendez-vous au **103**. Si vous préférez quitter la salle par le tunnel qui s'ouvre dans le mur ouest, rendez-vous au **69**.

258

Malgré la mort de l'un des leurs, les cannibales repartent à l'assaut avec une ardeur redoublée. Lancez deux dés. Si vous obtenez :
2 ou 3 : vous êtes blessé deux fois et vous perdez 6 points d'ENDURANCE ;
4 ou 5 : vous êtes blessé une fois et vous perdez 3 points d'ENDURANCE ;
de 6 à 12 : l'un des cannibales (à vous de choisir lequel) perd 3 points d'ENDURANCE.

Si vous tuez un deuxième adversaire, rendez-vous au **165**.

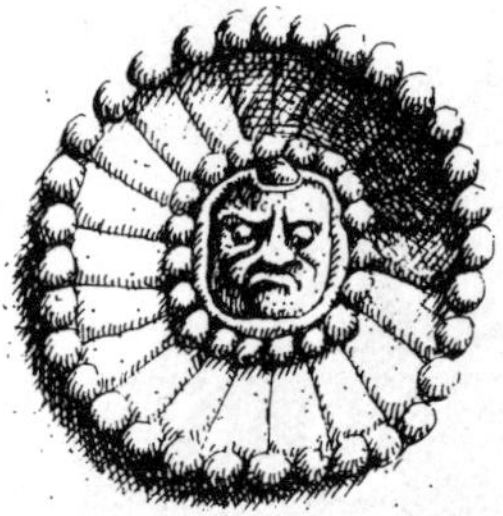

259

Au moment où vous passez délicatement les doigts sur les contours anguleux du symbole, le crissement métallique d'un mécanisme qui se déclenche se fait entendre sous vos pieds. Et soudain, la plate-forme circulaire, sur laquelle vous vous tenez, est catapultée vers le plafond, et s'écrase comme un piston contre le basalte. Tout doucement, l'ingénieux mécanisme se réarme et la plate-forme redescend progressivement à sa position initiale. Ouisti tourne autour de la lourde dalle, en gémissant. Il cherche son ami perdu. Mais il n'en subsiste qu'une bouillie d'os et de chair. Votre aventure vient de se terminer.

260

Fatum s'écroule dans un râle terrifiant, et la vie animale qui l'habitait encore le quitte, cette fois, pour toujours. Pendant un long moment, votre main effleure la visière noire de son casque que vous hésitez à soulever. Mais, dominant votre curiosité, vous vous détournez, en pensant qu'il est plus sage de ne pas croiser le regard d'une pareille créature. Cependant, vous repoussez le cadavre du pied, et vous le faites basculer dans le puits où les vapeurs l'engloutissent. Et quelques secondes plus tard, vous entendez le bruit étouffé que produit sa chute dans des eaux souterraines. Vos pensées vont au malheureux Ouisti : il ne vous avait fallu que quelques minutes pour en faire votre ami, et quelques secondes ont été suffisantes à Domontor pour lui ôter la vie. La victoire que vous venez de remporter n'a pas assouvi votre soif de vengeance, Domontor doit payer ce forfait avec son propre sang. C'est un aventurier au cœur de pierre qui atteind l'extrémité de la passerelle et qui s'engage dans le tunnel obscur ! Rendez-vous au **295**.

261

Vous vous passez la pommade sur la peau. Elle est très grasse, et pénètre rapidement. Peu à peu, ses effets se font sentir, et vous voyez toutes vos blessures se refermer, ce qui vous fait gagner 10 points d'ENDURANCE. Il vous faut maintenant essayer une autre des substances. Allez-vous choisir la poudre (rendez-vous au **90**) ou le liquide vert (rendez-vous au **121**) ?

262

Vous vous écrasez sur le sol avec la plus grande violence, mais au moins êtes-vous encore vivant. Dans un grondement de tonnerre, la décharge d'énergie passe au-dessus de votre tête, dégageant une insoutenable chaleur. Elle frappe la tapisserie qui prend feu instantanément, et découvre un miroir qu'elle dissimulait. Toute la puissance de cette terrible décharge est alors renvoyée par le miroir sur la créature elle-même ! Et son cri d'agonie résonne interminablement dans les salles et les souterrains de la pyramide. Quand vous levez enfin les yeux, il ne subsiste plus de votre étrange adversaire qu'une coquille calcinée. La puanteur qui règne dans cette salle est si abominable, que vous vous réfugiez d'un pas chancelant dans une pièce proche. La mort vous a frôlé de près ! Rendez-vous au **79**.

263

Les quelques marches que vous descendez vous mènent dans un tunnel étroit et bas de plafond, et à peine arrivez-vous à distinguer d'autres marches, dans l'ombre qui règne à son extrémité. En progressant dans le tunnel, vous passez devant un alignement de visages sculptés dans l'une de ses parois. Même en tenant compte du goût particulier des anciens habitants de l'Empire d'Ankou, vous les trouvez inutilement effrayants, avec leurs expressions torturées de rage ou de frayeur. Les mâchoires béantes de chacune de ces sculptures laissent deviner une profonde cavité. Si vous souhaitez vous arrêter pour les examiner de plus près, rendez-vous au **147**. Si vous préférez continuer votre chemin dans le tunnel, rendez-vous au **214**.

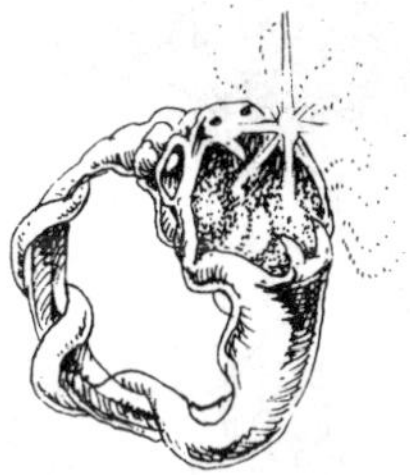

264

Vous vous souvenez avoir vu la Poudre de rubis couler des veines des Serpents de Pierre que vous avez combattus. Peut-être possède-elle des propriétés magiques ? Votre hypothèse se confirme dès que vous lancez la poudre étincelante sur les eaux bouillonnantes. Une feuille de cristal translucide se forme rapidement, semblable à une épaisse couche de glace vermeille. Quand le Dragon surgit, le cristal l'enveloppe, l'emprisonne. Enfermé comme dans une

265 *Le Golem dispose d'une puissance considérable et sera difficile à vaincre.*

étincelante coquille d'œuf, le Dragon se débat. Mais le cristal se durcit, et ses mouvements se font plus lents. Il s'épuise, et ne se débat plus que très faiblement ; enfin il s'immobilise tout à fait : une gracieuse statue de rubis se dresse maintenant au-dessus des eaux, figée pour l'éternité. En passant sur les pierres plates, vous la contournez, et vous quittez le puits par le tunnel du mur nord. Rendez-vous au **156**.

265

Malgré les assauts qu'il a subits, le Golem dispose d'une puissance considérable et sera difficile à vaincre.

GOLEM ENDURANCE : 9

Lancez deux dés. Si vous obtenez :
de 2 à 6 : vous êtes blessé et vous perdez 4 points d'ENDURANCE ;
de 7 à 12 : le Golem perd 3 points d'ENDURANCE.

Si vous êtes vainqueur, rendez-vous au **14**. Mais vous pouvez Fuir, en courant vers le sud, le long de la galerie, rendez-vous au **72**.

266

La grille s'écrase sur le sol poussiéreux du passage, et vous l'enjambez. Comme tout à l'heure, des bas-reliefs s'étalent le long des murs, en une procession guerrière. L'air est sec et rance, et vous vous humectez les lèvres avec un peu d'eau que vous prenez dans votre gourde. Ouisti trottine sur vos talons, et vous suivez le passage vers l'ouest, jusqu'à ce qu'il débouche dans une grande salle aux murs et aux piliers ornés de sculptures grossières. Rendez-vous au **257**.

267

Au fur et à mesure de votre progression, les arbres s'espacent autour de vous, tandis que les fougères et les buissons s'épaississent, de plus en plus luxuriants. Des oiseaux-mouche vrombissent autour de vous ou passent comme des flèches, pressés d'aller butiner le nectar des fleurs multicolores. Peu après, le sentier se divise de nouveau en deux, et vous pouvez choisir entre l'embranchement de gauche (rendez-vous au **173**) ou celui de droite (rendez-vous au **44**).

268

L'un de vos adversaires s'écroule sur le sol, et vous entrevoyez aussitôt une possibilité de Fuite en vous précipitant vers le passage du mur sud. Vous pouvez agir ainsi si vous le désirez, mais les trois Momies survivantes vont essayer de vous frapper dans le dos, et il vous faudra lancer trois fois le dé pour esquiver leurs coups. Si vous fuyez, rendez-vous au **15**. Sinon, les momies referment promptement la brèche que vous avez ouverte, et il vous faut continuer le combat. Lancez deux dés. Si vous obtenez :

2 : vous perdez 9 points d'ENDURANCE ;
3 ou 4 : vous perdez 6 points d'ENDURANCE ;
de 5 à 7 : vous perdez 3 points d'ENDURANCE ;
de 8 à 12 : l'une des Momies perd 3 points d'ENDURANCE.

Si vous tuez une autre des créatures, rendez-vous au **98**.

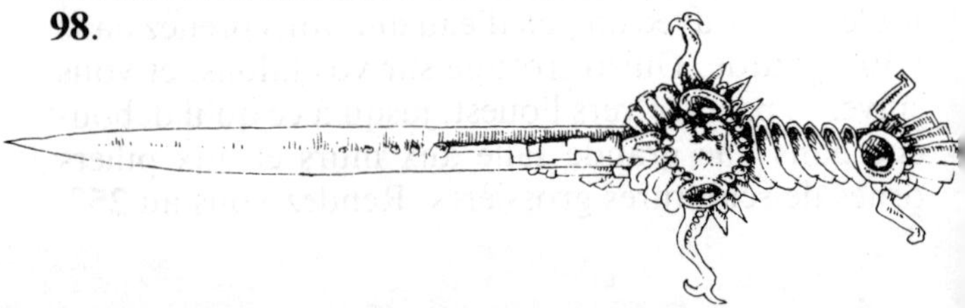

269

Dans le mur nord du couloir débouche un tunnel, au bout duquel vous apercevez une porte en bois calciné. Si vous désirez aller jusqu'à cette porte pour essayer de l'ouvrir, rendez-vous au **56**. Si vous préférez continuer à marcher dans le couloir, rendez-vous au **223**.

270

D'un pas vif et énergique, vous grimpez les marches jusqu'au sommet de la pyramide. Il est nettement moins fatiguant d'escalader cette réplique miniature, que de se hisser jusqu'au sommet de la pyramide principale, comme vous l'avez fait voilà peu de temps ! Allons, il faut profiter des bons moments, vous dites-vous en arrivant, en mettant le pied sur la dernière marche. Tout en haut, vous découvrez un puits circulaire. Soudain, une colonne de lumière rouge vermeil jaillit du haut plafond de la salle, et s'enfonce verticalement dans le puits, droit vers le cœur de la pyramide d'argent. Le seul moyen de continuer est de pénétrer dans le rayon lumineux ! Vous rengaignez donc votre épée dans son fourreau, et, prenant une profonde inspiration, vous vous lancez dans le vide. Rendez-vous au **176**.

271

Le regard farouche et terrifié de la jeune fille ne vous quitte pas une seconde, tandis que vous sectionnez la corde qui retient la cage pour la faire descendre sans heurt jusqu'au sol. D'un seul coup de poignard, vous tranchez la liane qui en ferme la porte. Mais alors que vous vous attendiez à ce que la jeune fille se précipite au dehors, vous êtes surpris de la voir se réfugier tout au fond de sa prison en gémissant. Vous avez beau déployer tous vos talents de persuasion pour la rassurer, rien n'y fait. Vous laissez alors la cage ouverte, et vous poursuivez votre chemin. Rendez-vous au **209**.

272

Le passage vous mène à une grande salle, sur le seuil de laquelle est étendue une tunique de soie noire en piteux état. Vous la soulevez de la pointe de votre épée, et vous avez la surprise de voir une coulée de cendres grises qui s'en échappe. Aucun doute n'est permis : il s'agit là des restes de l'un des Gardiens de Cauchemar de Domontor, des êtres d'une cruauté sans égale, qui tombent en poussière en mourant. Votre ennemi vous a donc précédé dans le labyrinthe du Temple. Non loin de vous, vous apercevez Ouisti qui joue avec une deuxième tunique, et c'est en vous dirigeant vers l'autre extrémité de la salle que vous comprenez ce qui s'est passé. En effet, tassée contre le mur, se trouve l'imposante carcasse d'une Mégamante aux griffes redoutables, une créature qui gardait les secrets du Temple depuis des temps immémoriaux. Le sang qui coule de ses blessures est encore chaud et visqueux : Domontor et ses hommes de main ne doivent plus être très loin. Redoublant de prudence, vous vous enfoncez plus avant dans le labyrinthe. Rendez-vous au **122**.

273

Quel objet allez-vous utiliser :

Un Sceptre doré ?	Rendez-vous au **58**
Une Baguette Magique de sorcier ?	Rendez-vous au **32**
Une Pierre rouge ?	Rendez-vous au **254**

Si vous ne pensez pas que l'un de ces objets puisse vous être utile, vous ne devrez compter que sur vos qualités de combattant. Rendez-vous au **126**.

274

Domontor avait laissé deux de ses Gardiens de Cauchemar en embuscade. Ils s'approchent de vous en silence, surgissant des ténèbres comme des chats de derrière la porte. L'un d'eux tient une longue épée brillante comme du verre, alors que le poignard de l'autre est plus court, et crochu comme le bec d'un vautour. Il vous est impossible de prendre la Fuite. Si, donc, vous tenez à poursuivre Domontor, il vous faut tout d'abord tuer ces assassins de l'ombre, aussi insaisissables que démoniaques.

Premier GARDIEN DE CAUCHEMAR	ENDURANCE : 12
Deuxième GARDIEN DE CAUCHEMAR	ENDURANCE : 12

Lancez deux dés. Si vous obtenez :
de 2 à 4 : vous êtes blessé deux fois et vous perdez 6 points d'ENDURANCE ;
de 5 à 7 : vous êtes blessé une fois et vous perdez 3 points d'ENDURANCE ;
de 8 à 12 : l'un des Gardiens de Cauchemar (à vous de choisir lequel) perd 3 points d'ENDURANCE.

Si vous tuez l'une de ces créatures, rendez-vous au **65**.

275

Les semelles épaisses de vos bottes ne suffisent pas à vous protéger complètement de la chaleur des rochers. Vous n'êtes pas allé bien loin lorsque l'eau se met à s'agiter et à bouillonner autour de vous. De grosses bulles glauques crèvent la surface, en dégageant une curieuse odeur, légèrement piquante. Tout à coup, un geyser d'eau jaillit. Arrosé par la fine vapeur qui retombe tout autour de vous, vous pensez d'abord être le témoin d'une éruption sous-marine. Mais très vite, vous apercevez autre chose : une forme rouge et luisante qui émerge des profondeurs. Deux yeux aux reflets d'or vous fixent, deux yeux froids de reptiles. Et, ébahi et terrorisé, vous voyez le Dragon Rouge, massif et puissant, s'ébrouer et se cabrer, faisant jouer les articulations de ses écailles brillantes. L'envergure de ses ailes obstrue la moitié de l'ouverture du puits, et il vous observe, la vapeur sifflant de ses narines. Puis il rejette la tête en arrière, déploie ses ailes et prend une gigantesque inspiration. Rendez-vous au **231**.

276

Vous faites rouler le corps du Sorcier jusque dans les buissons, et vous essuyez votre épée dégoulinante de son sang, avant de repartir. Votre humeur est sombre, car vous avez un peu honte du meurtre que vous venez de commettre. Ouisti vous rejoint au bout d'un moment, mais on dirait qu'il sent votre tristesse, et il traîne sur vos talons sans manifester sa jovialité habituelle. Vous supposez que les indigènes ont déjà découvert le corps de leur Sorcier, car vous les entendez gémir et hurler, non loin derrière vous. Leurs voix s'unissent en chant funèbre et vengeur. Comprenant que vous ne parviendrez pas à les distancer, vous vous camouflez en toute hâte sous d'épaisses broussailles. Ils passent en courant devant votre cachette, sans vous voir, et vous entendez leurs

275 *Ebahi et terrorisé, vous voyez le Dragon Rouge, massif et puissant, s'ébrouer et se cabrer.*

cris de guerre s'évanouir dans le lointain. Au moment même où vous allez vous dégager de l'écheveau de lianes et de plantes grimpantes pour repartir, Ouisti pousse un cri étranglé. Vous le cherchez des yeux, et vous découvrez un horrible spectacle : votre petit compagnon est mort ! Il baigne dans une mare de sang, encore agité de quelques spasmes convulsifs. Fou de rage, vous vous levez, l'épée en main, et vous retombez, foudroyé par une souffrance intolérable qui vous déchire la jambe. Vous pensez tout d'abord avoir été mordu par un serpent, mais à la vue de la chose qui s'agrippe à votre jambe, vous découvrez une horreur que le pire des cauchemars n'aurait pu imaginer. L'une des têtes réduites a planté ses dents dans votre mollet. Et pire encore, les autres têtes se laissent tomber des branches, et plantent leurs crocs venimeux dans votre corps tout entier. C'est le Sorcier qui, d'outre-tombe, vous envoie ses émissaires : il réclame son dû. Vos interminables hurlements résonnent dans l'air vide et silencieux, pendant que les têtes réduites se repaissent joyeusement, et il ne restera bientôt plus de vous que des ossements épars.

277

La salle qui s'ouvre au-delà de l'antichambre est grande, haute de plafond. A la lumière de votre épée magique, vous distinguez un passage qui en part en direction de l'ouest. En vous y dirigeant, vous passez le long d'un alignement de piliers, dans lesquels sont gravées des flammes, symboles du dieu Katak. Contre le mur du fond, un bloc massif de granit rouge et poli ressemble à un autel, où les hérétiques et les prisonniers de guerre connaissaient certainement une mort pour le moins tourmentée. Vous envisagez de faire un détour pour aller examiner cet autel de plus près, au cas où il renfermerait quelque relique magique, lorsque une silhouette surgit de l'ombre et se dresse devant vous. *Cela* tient debout sur deux jambes, mais *ce* n'est pas humain. Sa peau est sombre et épineuse, ses deux membres supérieurs sont atrophiés et se terminent par des serres impressionnantes, et sa tête n'est que l'orbite d'un œil unique, brillant, qui oscille à l'extrémité d'un long cou maigre. Vous êtes paralysé de terreur. Jamais vous n'avez rencontré pareille créature. Ce moment d'hésitation manque de vous coûter la vie : La créature profite de votre désarroi pour vous décocher un fulgurant rayon de lumière, couleur de rubis, qui fuse de son œil. Mais au même instant, Ouisti, qui était perché sur vos épaules, a sauté à terre, ce qui a distrait la créature, et la décharge d'énergie s'en est trouvée légèrement déviée. Au lieu de vous atteindre, elle va frapper le mur derrière vous, vaporisant littéralement un bas-relief, autour duquel la pierre se couvre de cloques et se met à bouillir ! Cette déperdition d'énergie prive momentanément la créature de son pouvoir, et son œil rouge devient terne. Mais vous le voyez qui reprend son éclat rapidement. La créature ne va pas tarder à vous envoyer une autre décharge... Vous pourriez, peut-être, bondir sur elle sans attendre. Si vous décidez de faire ainsi, rendez-vous au **48**. Si vous préférez tenter de lui échapper, rendez-vous au **27**.

278

Malgré la force de la tension psychique, vous parvenez à repousser le sort que Revenôme a essayé de vous jeter. Il en claque ses mâchoires de dépit, ébranlant encore un peu plus ses dents ébréchées, et repart à l'assaut.

Lancez deux dés. Si vous obtenez :
de 2 à 6 : vous êtes blessé et vous perdez 3 points d'ENDURANCE ;
de 7 à 12 : Revenôme perd 3 points d'ENDURANCE.
Si vous êtes vainqueur, rendez-vous au **110**.

279

La malédiction prend finalement effet, tardive mais cruelle. La douleur vous fait chanceler : une douzaine de vieilles blessures, de cicatrices anciennes se rouvrent, et vous vous retrouvez debout dans une mare de votre propre sang qui s'écoule en abondantes rigoles. Lancez deux dés et augmentez le résultat obtenu de 3 points : voilà combien de points d'ENDURANCE vous allez perdre avant de réussir à arrêter l'hémorragie. Si toutefois vous êtes toujours en vie, rendez-vous au **145**.

280

Les guerriers indigènes maugréent en prenant des attitudes menaçantes, mais ils sentent que toute attaque contre vous coûterait la vie à leur Sorcier. Ils commencent par feindre la plus totale incompréhension, quand vous tendez votre main libre vers celui qui tient votre épée. Vous resserrez alors votre prise autour de la gorge du Sorcier, jusqu'à ce que son visage prenne une couleur inquiétante, et votre arme vous est vite restituée. Le Sorcier se tortille comme un ver et gargouille sous votre poigne de fer. Les yeux des indigènes sont remplis de haine. Pour l'instant, vous avez l'avantage, mais comment les empêcherez-vous de vous donner la chasse quand vous quitterez le village ? Allez-vous :

Incendier leurs cases ? Rendez-vous au **105**
Emmener le Sorcier en otage ? Rendez-vous au **299**
Les forcer à boire la mixture qui est dans la case du Sorcier ? Rendez-vous au **233**

281

Vous tendez la main et... Rendez-vous au **259**.

282

Apparemment, il n'y a pas moyen d'échapper au Malgosh. Eh bien ! Puisque l'affrontement est inévitable, vous allez montrer à ce sinistre démon ce qu'il en coûte de se mettre au travers de votre chemin !

LE MALGOSH ENDURANCE : 18

(A moins que vous n'ayez déjà réduit son ENDURANCE au cours d'un précédent combat.)

Lancez deux dés. Si vous obtenez :
de 2 à 7 : vous perdez 4 points d'ENDURANCE ;
de 8 à 12 : le Malgosh perd 3 points d'ENDURANCE et vous en perdez 1.

Si vous êtes vainqueur, rendez-vous au **256**.

283 *Le bras levé vers vous, il a ôté son gant, et a découvert la Bague de la Mort Rouge qu'il porte au doigt.*

283

Vous portez le coup de grâce, le Simulacre tombe en arrière et est englouti par la masse tremblante du mercure. Votre reflet se brouille, et le métal est parcouru de traînées de couleurs irisées. Puis, le tourbillon ensorcelé se désintègre en des centaines de petits nodules étincelants, qui se dispersent dans toutes les directions pour disparaître les uns après les autres, et il ne reste bientôt plus que les débris d'un petit miroir, éparpillés sur le sol. Le combat a mis quelque distance entre Domontor et vous-même, et vous vous retournez pour lui faire face. Il effleure alors du doigt l'un des symboles gravés dans le socle en granit, et prononce quelques paroles gutturales, dans l'ancienne langue d'Ankou, morte depuis longtemps. Aussitôt, un sifflement doux se fait entendre et la haute barrière de flammes qui vous cernait, se dissipe. Vous contemplez, abasourdi, l'immensité de la caverne, mais la lueur qui s'allume dans le regard de Domontor redouble votre méfiance. Suivant la direction de son regard, vous vous retournez : dans une alcôve, qui ressemble plutôt à une mâchoire de requin, repose la splendide statue d'or du Dieu du Feu. Plus de deux mille ans se sont écoulés depuis que des yeux humains se sont posés sur elle, deux mille ans sans que des hommes ne l'aient possédée, ne fût-ce que du regard. Son corps est trapu et puissant, et chacun des muscles, qui semblent rouler sous la peau, est sculpté à la perfection. L'idéal classique de la noblesse d'Ankou est résumé dans la beauté de son visage, à peine altérée par le dessin grotesque de deux favoris, recourbés comme des défenses, qui épousent le contour anguleux de ses pommettes saillantes. Ses yeux sont deux énormes rubis taillés. Vous jetez un coup d'œil derrière vous : Domontor vous observe. Le bras levé vers vous, il a ôté son gant, et a découvert la bague de la Mort Rouge qu'il porte au doigt. Il attendait que vous vous retourniez pour vous infliger le spectacle de son sourire de triomphe. Un faisceau de flammes écarlates en fuse comme un éclair. Pour l'esquiver, il vous faut être très rapide. Lancez *trois* dés (ou un seul, trois fois, en additionnant les résultats). Si vous obtenez un résultat inférieur ou égal à votre total d'HABILETÉ, rendez-vous au **204**. S'il est supérieur, rendez-vous au **13**.

284

Les effets de la malédiction se manifestent finalement. Plusieurs blessures et cicatrices, datant d'anciens combats, se rouvrent et répandent votre sang sur le sol lisse. Lancez les dés et ajoutez 3 points au résultat obtenu. Vous saurez ainsi le nombre de points d'ENDURANCE que vous perdez. Si vous êtes toujours en vie, rendez-vous au **60**.

285

Bien que l'un de vos adversaires s'écroule, réduit en poussière comme tous ceux de son espèce quand ils sont tués, l'autre continue à combattre, sans manifester la moindre intention de retraite ou de reddition. Lancez deux dés. Si vous obtenez :

de 2 à 5 : vous êtes blessé et vous perdez 3 points d'ENDURANCE ;
de 6 à 12 : le Gardien de Cauchemar perd 3 points d'ENDURANCE.

Si vous êtes vainqueur, vous reprenez votre chemin vers le nord. Rendez-vous au **108**.

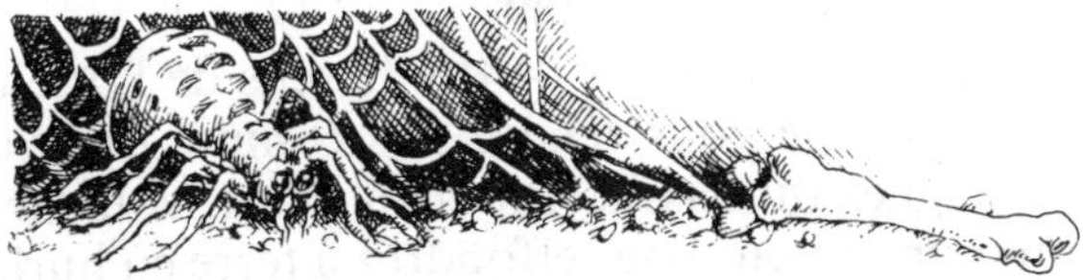

286

Revenôme se décompose, et ses débris se répandent sur le sol de pierre. Ses mains osseuses s'agrippent encore à votre tunique, et il vous faut faire un effort considérable pour desserrer leur poigne et les jeter au loin. Vous allez vers Ouisti qui tremble de peur, assis sur son arrière-train. Il scrute l'obscurité, l'air très inquiet. Il couine, il gémit, et il refuse obstinément de bouger. Vous finissez par le prendre dans vos bras, et vous repartez vers l'ouest. Rendez-vous au **217**.

287

Vous essayez d'éviter le rayon diabolique, mais vous êtes trop lent. Un liquide en fusion, rouge comme la lave, liquéfie votre armure, embrase vos vêtements, vous carbonise la chair et les os, et vous perdez la vie sans avoir le temps de pousser un cri.

288

Trois passages partent de l'extrémité de la galerie. Allez-vous vous diriger vers l'est (rendez-vous au **116**), vers le nord (rendez-vous au **199**) ou vers l'ouest (rendez-vous au **55**) ?

289

L'affolement vous a fait perdre le sens de l'orientation, et vous ne vous rendez pas compte que vous vous éloignez du bassin. En chancelant, vous heurtez un mur, et vous vous effondrez à terre en hurlant de douleur. Vos cris se transforment bientôt en gémissements plaintifs, tandis que le brasier vous dévore. Votre aventure se termine ici, dans une mort que jamais vous n'auriez pu imaginer.

290

Vous arrivez bientôt à la hauteur d'une ouverture pratiquée dans la paroi nord, où débouche un nouveau couloir. Allez-vous vous diriger vers le nord (rendez-vous au **22**) ou préférez vous continuer vers l'ouest (rendez-vous au **50**) ?

291

Vous parvenez à agripper une aspérité du mur, ce qui vous empêche de tomber. Mais vous n'en continuez pas moins à descendre du plus vite que vous le pouvez, pour essayer d'échapper à ces terrifiantes vision. Peine perdue : Elles vous entourent de nouveau, leurs visages déformés par d'ignobles rictus. Lancez *trois* dés. Si le total obtenu est égal ou inférieur à votre total de PSI, rendez-vous au **139**. Sinon, rendez-vous au **247**.

292

A quatre pattes, vous vous précipitez dans le tunnel. L'Esprit de Feu se lance à votre poursuite, et vous entendez le fracas de ses pas qui ébranlent le sol de pierre. La récompense qu'il vous offre en échange de sa liberté est la mort, mais vous n'avez pas le temps pour regretter ce que vous avez fait. Votre souffle se fait de nouveau court, et vos poumons deviennent de plus en plus douloureux. Maintenant, vous comprenez pourquoi. Les bouches béantes des figures sépulcrales dégagent, en effet, un gaz lourd et suffocant, astucieusement amené d'un volcan par des boyaux profondément enterrés dans la roche. Mais si l'atmosphère du tunnel étouffe toute vie, elle étouffe aussi l'Esprit de Feu. Sa flamme vacille et faiblit, l'armure se disloque et les morceaux roulent de tous côtés, dans l'assourdissante clameur d'un carillon de bronze. En revenant vers lui, vous voyez s'échapper, de la visière, une petite fumée qui s'éloigne dans le tunnel, comme une minuscule tornade. Vous attendez qu'elle se dissipe, et vous vous dépêchez de retourner dans la salle, avant que vos poumons n'explosent. Rendez-vous au **135**.

293

Vous progressez vers l'ouest, franchissant une succession de chambres poussiéreuses et de tunnels étroits, jusqu'à ce que vous débouchiez dans un couloir orienté vers le sud. Un peu plus loin, il aboutit à un nouveau couloir, orienté est-ouest. Vous vous décidez à poursuivre vers l'ouest. Rendez-vous au **190**.

294

Allez-vous quitter la salle par le tunnel qui s'ouvre dans le mur nord (rendez-vous au **146**) ou préférez-vous rebrousser chemin (rendez-vous au **213**) ?

295

Le tunnel s'ouvre sur une salle, qui se trouve en contre-bas d'une volée de marches. Avançant, l'épée à la main, sur la première de ces marches, vous découvrez un très long escalier qui s'enfonce tout droit dans les entrailles de la roche. Chaque marche est incrustée de pierres précieuses, et un entrelacs de fils d'or orne les murs. Domontor n'a pas touché à ces trésors, et vous l'imitez car vous savez tous deux que la récompense suprême, la Statue de Katak, vous attend, au plus profond de la terre. Vous entamez la descente abrupte. Environ tous les dix mètres, vous arrivez sur un palier. L'escalier continue à s'enfoncer dans l'obscurité. Alors que vous êtes à mi-chemin entre le deuxième et le troisième palier, l'une des marches ploie légèrement sous votre poids, et un puissant claquement retentit, suivi d'un grondement de tonnerre provenant de derrière vous. Vous vous retournez pour voir une énorme sphère de pierre, libérée de sa cachette par le mécanisme que vous venez de déclencher, qui dévale l'escalier à grand fracas. Les murs tremblent, de la poussière et des gravats pleuvent du plafond voûté. Devant un tel cataclysme, impossible de réfléchir : il faut réagir dans l'instant. Allez-vous :

Vous jeter à plat ventre
là où vous êtes ? Rendez-vous au **46**

Dévaler l'escalier ? Rendez-vous au **175**

Vous jeter à plat ventre
sur les marches qui sont juste
en-dessous du deuxième
palier ? Rendez-vous au **7**

Utiliser votre Anneau
de dématérialisation
(si vous en possédez un) ? Rendez-vous au **25**

296

Vous vous approchez de la tunique noire, quand un cobra en jaillit. Il se dresse et se détend vers vous comme un ressort. Vous lui donnez un coup de votre épée pour le trancher en deux, mais votre réflexe est tardif, et il parvient à enfoncer ses crochets dans votre botte, dont ils percent le cuir pour se planter dans votre pied. Vous hurlez de douleur et, au même instant, la porte s'ouvre à la volée. Si vous en avez, vous pouvez rapidement absorber un antidote qui neutralisera l'effet du venin. Sinon, il vous faut déduire 7 points de votre total d'ENDURANCE. Si vous êtes toujours vivant, rendez-vous au **274**.

297

Le poison que vous a injecté le Scorpion aurait été fatal au commun des mortels. La douleur vous durcit les muscles, et un épais voile noir obscurcit votre esprit. Votre vue se brouille, mais votre volonté de survivre ne flanche pas un instant. Lentement, vous vous remettez debout, et enfin, exhalant un gémissement douloureux mêlé de fierté, vous sentez vos forces revenir. Toujours tremblant sous l'effet du poison (il vous faudra désormais diminuer de 1 point tous vos résultats au cours d'un combat), vous êtes affaibli, mais vivant et capable d'aller de l'avant. Vous escaladez tant bien que mal les parois du puits et vous vous dirigez vers le nord. Rendez-vous au **152**.

298

A votre grande déception, le passage se termine en cul-de-sac. Sur le point de faire demi-tour, vous apercevez, en levant les yeux, une petite niche ménagée dans la pierre, légèrement au-dessus de votre tête. Vous haussant sur la pointe des pieds, vous y découvrez une paire de sandales en or. Si vous souhaitez les prendre et les chausser, rendez-vous au **82**. Si vous préférez les laisser à leur place et revenir dans le vestibule pour repartir vers l'ouest, rendez-vous au **119**.

299

Les indigènes ne vous quittent pas des yeux, tandis que vous vous éloignez et que vous disparaissez dans la jungle avec leur Sorcier. Vous lui prenez sa baguette magique, pour l'empêcher de vous jeter quelque sort malfaisant. Il se débat avec une vigueur surprenante chez un homme de son âge, et vous vous appliquez à ne pas relâcher votre prise, tout en vous frayant un chemin dans la jungle épaisse. Des cris de guerre éclatent dans l'ombre verdoyante, derrière vous. Les indigènes se sont mis en chasse. Ils ont beau être encore loin, il ne leur faudra pas longtemps pour vous rattraper, car votre encombrant otage vous ralentit dangeureusement. Allez-vous lui rendre sa liberté (rendez-vous au **246**), ou pensez-vous qu'il est préférable de le faire disparaître (rendez-vous au **276**) ?

300

Enfin, après tant d'années, vous tenez votre revanche. Domontor gît à vos pieds, mort. Son corps ne se réduit pas en poussière comme celui des Gardiens de Cauchemar, car, contrairement aux croyances de certains, il n'était pas une créature surnaturelle. Non, il était simplement un petit bonhomme retors et malfaisant. Maintenant que votre fureur est passée, il vous semble qu'il ne valait même pas la peine d'être tué. Vous avancez lentement vers la Sta-

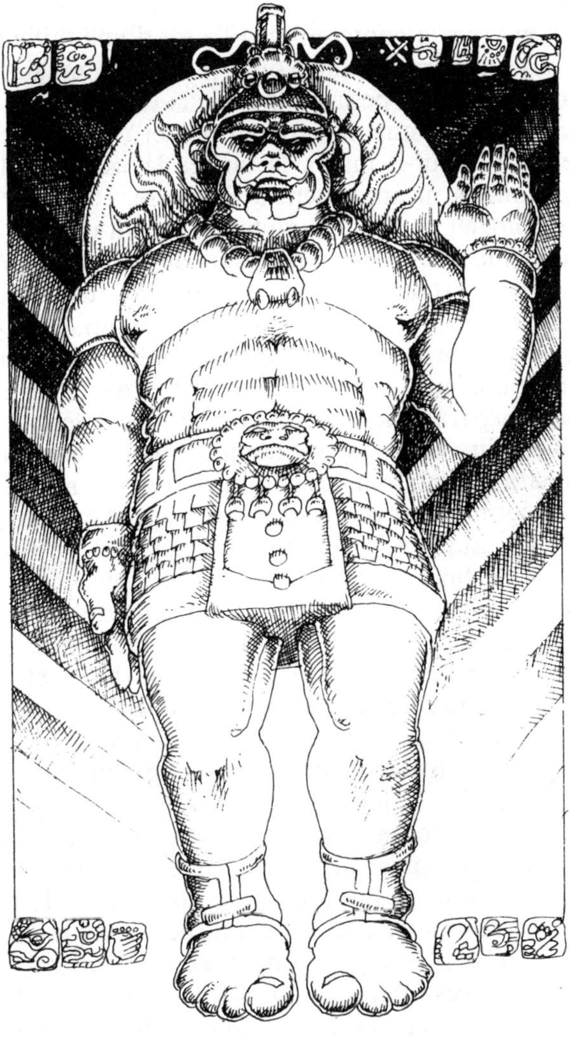

300 *Vous regardez Katak droit dans les yeux, et vous lui exprimez vos sentiments à haute voix.*

tue, et vous la contemplez. Elle est d'une taille bien plus considérable que vous ne l'aviez imaginé, et comme elle doit peser près de deux tonnes, vous êtes perplexe : comment la transporter ? Après tout, peut-être vaut-il mieux la laisser là. Katak est un dieu oublié, il appartient à l'histoire, et souiller sa mémoire en profanant son temple serait un acte barbare, indigne d'un Chevalier de Palados. Vous regardez Katak droit dans les yeux, et vous lui exprimez vos sentiments à haute voix. Soudain, vous perdez l'équilibre et vous êtes emporté dans un tourbillon de couleurs et de lumière. La Statue, la caverne, tout disparaît, mais tandis que vous dérivez au milieu d'un kaléidoscope d'images, vous commencez à distinguer au loin, les contours de votre navire. Sa silhouette se fait plus précise, et vous avez l'impression de plonger vers lui. Dans un bref et violent éclair de lumière, aveuglante, vous vous retrouvez sur le pont. Maintenant, vous n'entendez plus que le grincement familier des lames de bois. Les marins vous regardent, ahuris, les yeux exhorbités, et vous éclatez de rire au spectacle irrésistible qu'ils offrent. Votre écuyer se précipite vers vous et s'incline avec respect : « Monseigneur ! Nous craignions que vous n'ayez péri. » Il lève les yeux, osant vous regarder, comme s'il doutait encore de votre présence, et il ajoute : « Et puis une grande merveille est arrivée que tous ont pu admirer. Une colonne de lumière brillante est descendue en spirale de cristal, là-bas, et quand elle a disparu, vous étiez là, debout parmi nous. Et ces objets aussi, Monseigneur... » Vous regardez ce qu'il désigne du doigt. Derrière vous, sur le pont, s'alignent une douzaine de grands coffres en argent, pleins à craquer de joyaux, d'orfèvreries, de bijoux d'or, et d'innombrables objets précieux.

Riant encore sous cape, vous répondez au jeune garçon encore tout tremblant : « C'est grâce à la magie du dieu Katak, que je suis revenu des entrailles de la terre. Et ce trésor est le don de ce dieu. Perplexe, votre écuyer s'éloigne, pour vous chercher du vin et préparer votre repas. Vous vous appuyez au bastingage. Le bois sent l'humidité, gorgé qu'il est par les trombes d'eau de l'orage. Le soleil est au couchant, sa demi-sphère rougeoyante baignant le ciel de traînées flamboyantes, et la rivière grisâtre devient une coulée d'or liquide. A l'est, un arc-en-ciel timide se déploie dans le ciel. « Parez à appareiller ! ordonnez-vous aux marins. Nous rentrons à la maison. »

Achevé d'imprimer
le 4 octobre 1985
sur les presses de
l'Imprimerie Hérissey
à Évreux (Eure)

N° d'imprimeur : 38321
Dépôt légal : octobre 1985
ISBN 2-07-033317-5

Imprimé en France

36684